[특집]

경이로운 초능력자는 실제로 존재한다!

예언이나 마술, 영 능력…….
인간의 힘을 능가하는
초능력자들은
경이로운 힘을
발휘해 왔다!

예언자와 선지자는 세상의

불의 비가 내려 인류는 거의 절멸 지경에 이른다!

데구치 오니사부로(32쪽)가 예언한 '대환란'에서는 인류가 3%밖에 살아남지 못한다!

사신 강림!

루돌프 슈타이너(54쪽)에 따르면 2000년대에 재앙의 신이 세상을 혼란에 빠뜨린다고 한다!

예언자·선지자

그들이 특수한 힘으로 '목격'한 광경은 무시무시한 파국을 맞는 미래였다!

인류는 다른 별로 이주한다!

바바 뱅가(22쪽)는 3797년 대재앙에서 살아남은 사람들이 지구를 탈출하는 미래를 보았다.

인간의 초월을 지향했다 2장

과격한 마술 실험!
마약을 사용한 마술 실험을 했던 알레이스터 크로울리(92쪽).

수정 구슬로 천사 소환
대천사 우리엘을 불러낸 존 디(76쪽).

마술사·연금술사
신과 마귀의 힘을 빌려 고대의 뛰어난 지혜를 되살린 궁극의 마술과 연금술!

백마술로 사람들을 치유
크리스천 로젠크로이츠(80쪽)는 선한 백마술로 사람들을 구했다.

초능력자의 '힘'은 과학의

텔레키네시스(염력)로 심장을 멎게 하다!

자유자재로 공중을 날다!

자유자재로 공중을 부유하는 능력을 보여줬던 다니엘 던글라스 홈(134쪽).

니나 쿨라지나(138쪽)는 손을 쓰지 않고 물체의 상태를 바꾸는 힘을 발휘했다!

달의 뒷면을 '염사'!

'유체 이탈'을 통해 멀리 있는 것을 본다!

초능력으로 그 자리에는 없는 광경을 사진 건판에 찍어 낸 미타 고이치(168쪽).

기적을 일으키는 '영능력자'! 4장

초능력을 가진 헬레나 블라바츠키(186쪽)의 주변에는 가구가 공중에 떠다녔다!

가구가 움직인다!

영을 물질화!

가메이 사부로(206쪽)는 물질화된 영(靈)의 엑토플라즘을 출현시켰다!

영능력자

눈에 보이지 않는 영적인 힘을 갖춘 영능력자들은 기적과 신비를 우리에게 보여 준다!

눈먼 소녀가 눈을 떴다!

비오 신부(178쪽)가 눈먼 소녀에게 손을 대자 앞이 보이는 기적이 일어났다.

고자큐 편저

비주얼 미스터리 백과 ⑦

초능력자 대백과

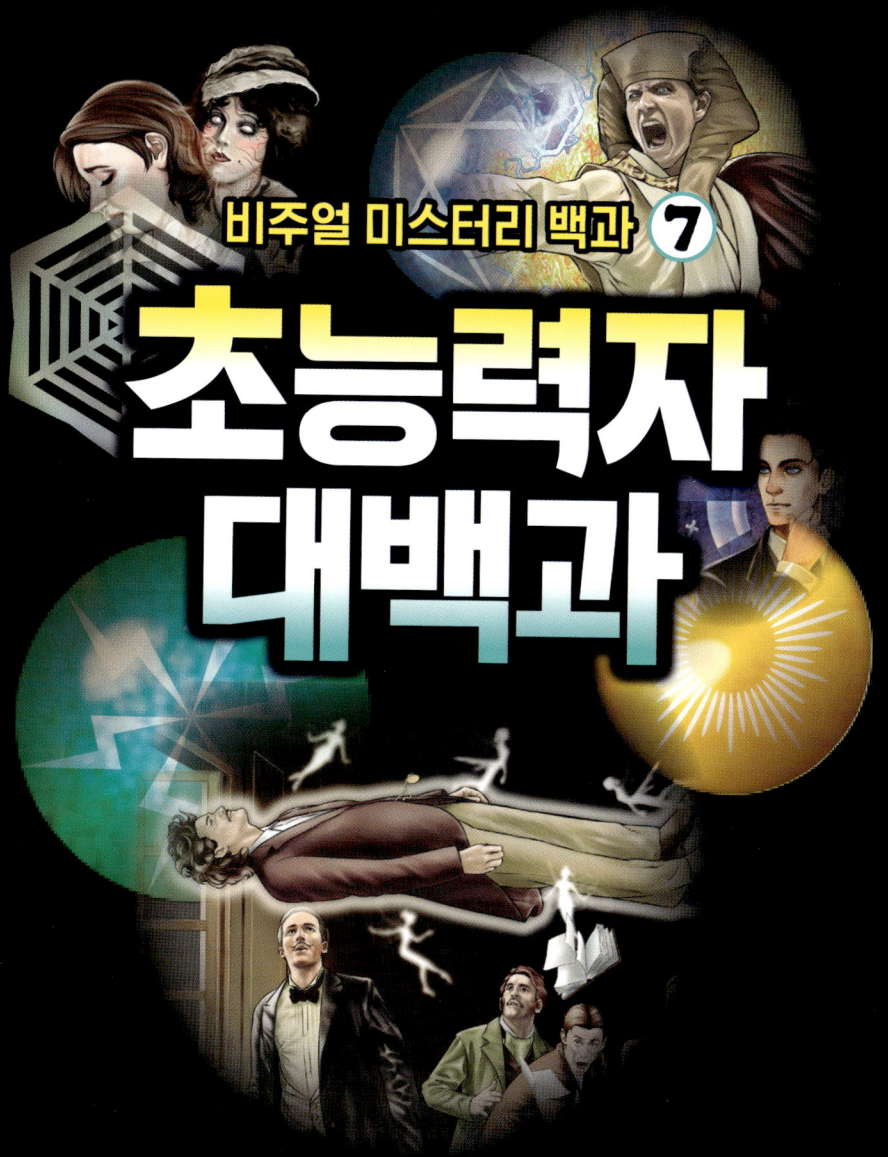

시작하며

이 세상에 초능력자는 분명 존재한다!

'초능력자'라고 하면 우리는 어떤 인물을 상상할까? 멀리 떨어진 장소의 광경을 꿰뚫어 보는 힘이나 순식간에 다른 장소로 이동하는 힘, 손대지 않고 물건을 움직이는 힘, 또는 눈앞에 없는 광경을 사진으로 담아내는 힘 등등……. 그런 '특수한 능력'을 가진 인물이 머릿속에 떠오를지도 모르겠다. 더불어 영화나 소설, 만화와 같은 가상의 이야기 속에나 등장하는 특별한 능력자를 말하겠지라는 생각을 할 수도 있을 것 같다.

그런데 딱 잘라 말하면 그러한 생각은 '큰 착각'이다. 초능력자는 역사상 세계 각지에 분명히 존재해 왔으며, 그리고 현재도 초능력자는 분명히 존재한다.

이 책은 동서고금에 실제로 존재했던 또는 실존하는 초능력자 중에서 대표적인 인물 60인 이상을 소개한다.

책머리에 특집으로 소개한, 우리가 이른바 초능력자라고 생각하는 과학의 상식을 뒤집는 능력을 가진 인물만이 아니다. 아직 보지 못한 미래의 광경을 예측했던 예언가, 신이나 악마의 신비한 지식과 힘을 이용해 불가사의한 일을 했던 마술사와 연금술사, 영적인 힘을 발휘해 때로는 기적이라고 부를 만한 일을 해냈던 영능력자 등도 등장한다.

그들은 모두 인간이 지닌 능력을 초월하는 힘을 발휘했다. 그것이야말로 이 책에서 말하는 '초'능력이며 '초'능력자이다!

그럼 이제 이 책을 통해 초능력자들의 무시무시한 여러 가지 능력을 살펴보기로 하자. 그리고 그들이 어떤 인물이었는지 알아보자. 분명 인간에게 내재된 무한한 가능성을 느낄 수 있을 것이다.

목차
CONTENTS

특집 경이로운 초능력자는 실제로 존재한다!…1

시작하며…10

초능력자 키워드…14

이 책의 구성…16

【제1장】 미래를 꿰뚫어 봤던 **예언가와 선지자**들…17

미셸 노스트라다무스/ 바바 뱅가/ 진 딕슨/ 에드가 케이시/ 데구치 오니사부로/ 모세/ 다니엘/ 사도 요한/ 성 말라키/ 루돌프 슈타이너/ 칼 E 크라프트/ 윌리엄 릴리

예언가·선지자 칼럼
그 역사상의 인물은 예언가였다?!…36

출현의 기적과 계시를 가져오는 성모 마리아…50

세상을 떠들썩하게 했던 인터넷상의 예언가…62

【제2장】 고대의 지혜를 탐구하는 **마술사와 연금술사들**…65

솔로몬/ 멀린/ 하인리히 코르넬리우스 아그립파/ 존 디/ 크리스천 로젠크로이츠/ 랍비 로위/ 엘리파스 레비/ 맥그리거 매더스/ 알레이스터 크로울리/ 그리고리 라스푸틴/ 파라켈수스/ 니콜라스 플라멜/ 알레산드로 디 칼리오스트로 백작/ 헤르메스 트리스메기스투스/ 서복/ 엔노 오즈누/ 구카이/ 아베노 세이메이

마술사·연금술사 칼럼
시간 여행자인가? 수수께끼의 귀족 생제르맹 백작…100

근대 과학의 아버지 뉴턴은 연금술사였다!…116

아직 더 있다! 일본의 신비한 능력자들…130

【제3장】 인간을 초월하는 힘을 발휘하는 초능력자들…133

다니엘 던글라스 홈/ 니나 쿨라지나/ 제라드 크로이셋/
테드 세리오스/ 잉고 스완/ 조셉 맥모니글/ 장보승/
손저림/ 나가오 이쿠코/ 미타 고이치/ 미후네 치즈코/
다카하시 사다코/ 초난 도시에

초능력자 칼럼

범죄 수사 협조를 요구받은 초능력자…146
초능력자들이 운영하는 기업이 존재한다…160
우주 비행사가 실시한 초능력 실험…176

【제4장】 신비한 힘을 가진 영능력자들…177

비오 신부/ 테레제 노이만/ 헬레나 블라바츠키/ 게오르그
이바노비치 구르지예프/ 사티야 사이바바/ 에마누엘
스베덴보리/ 프레드릭 윌리엄 헨리 마이어스/ 모리스
바바넬/ 에바 카리에르/ 가메이 사부로/ 로즈메리 브라운

영능력자 칼럼

몇 번이고 환생한 달라이 라마…194
영계 통신기를 발명한 에디슨…210

참고 문헌…212

초능력자 키워드

이 책을 읽기 전에 먼저 알아 두어야 할 기본 용어를 확인하자!

【예언(豫言)】

아직 일어나지 않은, 앞으로 일어날 미래를 예측하는 것을 예언이라고 한다. 이를 행하는 자가 예언가다. 예언을 하는 수단은 뭐든 상관없다. 수정 구슬을 통해 미래를 '들여다보는' 자가 있는가 하면 저절로 감지하는 사람, 직접 미래를 '목격'하는 사람 등이 있다.

【예언(預言)】

예언(預言)은 앞날을 예측하는 예언(豫言)과는 다른 '신의 계시'를 말한다. 그 신탁을 사람들에게 전달하는 자를 '선지자'라고 부른다. 앞날을 점치는 '예언가'와는 달리 미래를 알고 있는 것이 아니다.

【연금술】

불완전한 것에서 완전한 것을 만드는 일. 즉, 불완전한 인간이 완전한 신에게 다가가기 위한 기술이다. 그것을 이루어 내는 궁극의 물질을 '현자의 돌'이라고 부른다.

【마술】

타인의 행복을 비는 선한 마술을 백마술이고 하며, 자신의 욕망을 채우기 위한 악의적이고 이기적인 마술을 흑마술이라고 부른다.

【점성술】

천체의 움직임이 지상에 영향을 준다고 믿어 국가의 미래를 점치기 위해 발전한다. 결국에는 사람의 미래를 읽어 내는 방법으로 사용되었다.

【텔레키네시스(Telekinesis)】

염력이라고 한다. 손을 대지 않고 정신력으로 물체를 움직이거나 물체의 상태를 변화시키는 초능력이다. 자신의 몸을 공중에 뜨게 하는 것도 포함한다.

【리모트 뷰잉(Remote Viewing)】

원격 투시라고도 한다. 멀리 있는 장소의 상태를 꿰뚫어 보는 능력. 이 능력의 대가에 따르면 센스가 있다면 누구나 할 수 있다고 한다.

【성흔】

예수가 못에 박힌 것과 같은 위치에 상처 자국이 생기는 현상. 심한 고통을 수반한다. 체험을 한 사람 중에는 기적을 일으키는 사람도 있다.

【염사】

능력자가 그 자리에는 없는 광경을 마음속으로 생각하는 힘에 의해 사진 건판이나 필름에 찍어 내는 능력이다.

【영매】

영과 교류, 교신할 수 있는 인간. 영은 영매에 들러붙어 그 말을 전달하거나 불가사의한 능력을 보여 주기도 한다. 또한, 영매 자신의 힘으로 영의 물질화 현상(엑토플라즘(ectoplasm))을 일으키는 경우도 있다.

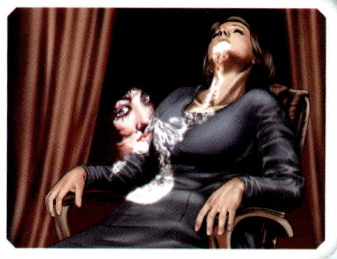

【강령회】

망자의 영을 불러내어 영매를 매개로 그 말을 듣거나 망자와의 교류를 도모하는 모임. 19세기 서구의 상류 계급이나 지식인 사이에서 유행했다. 강령회에서는 다양한 초현실적 현상이 일어났다는 보고가 있다.

이 책의 구성

이 책은 동서고금의 초능력자들과
그들의 불가사의한 능력을 중심으로 소개한다.
여기서 말하는 '초능력'에는 인간에게 원래부터 내재되어 있는 힘,
고대의 인간이 탐구했던 잃어버린 힘,
신이나 영과 같은 존재로부터 초래된 힘 등
'인간의 힘을 초월한 여러 가지 힘'이라는 의미가 포함된다.
초능력자들의 경이로운 세계를 지금 당장 들여다보자!

초능력자 아이콘
'예언가·선지자'
'마술사·연금술사'
'초능력자' '영능력자'로
분류한다.

넘버
네 종류의 초능력자 중
한 종류의 초능력자들을
소개하는 순서를
나타낸다.

이미지
초능력자의 모습이나
일화와 관련된 이미지.
정확하게 그린 것은
아니다.

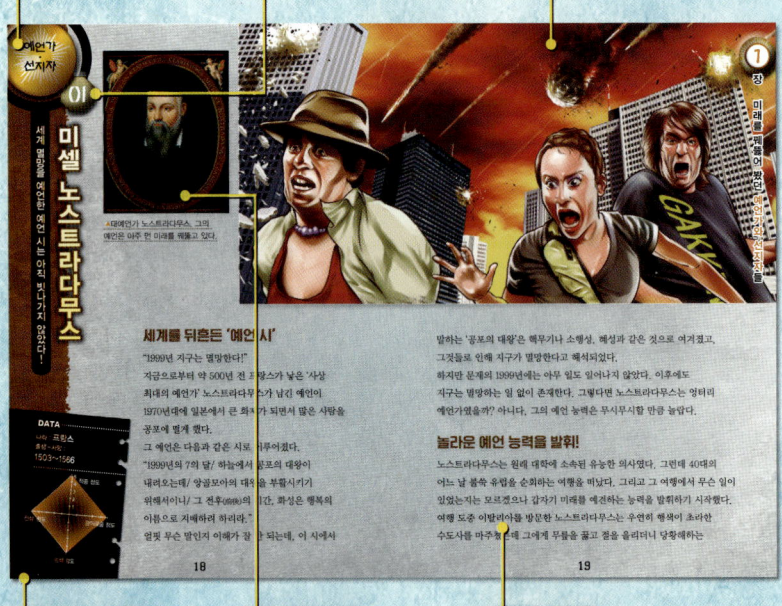

DATA
각 항목 모두 레벨이
높은 것일수록
수치가 높다.

사진
초능력자의
초상화나 사진,
일화와 관련된 것.

설명
초능력자의 일생에
관한 기록이나 능력에
관한 일화.

1장

미래를 꿰뚫어 봤던
예언가와 선지자들

앞이 보이지 않는 미래를
그 일이 일어나기도 전에 아는 자,
신의 계시를 듣고 전달하는 자가
바로 예언가, 선지자이다!

예언가·선지자

01

미셸 노스트라다무스

세계 멸망을 예언한 예언 시는 아직 빗나가지 않았다!

▲ 대예언가 노스트라다무스. 그의 예언은 아주 먼 미래를 꿰뚫고 있다.

세계를 뒤흔든 '예언 시'

"1999년 지구는 멸망한다!"
지금으로부터 약 500년 전 프랑스가 낳은 '사상 최대의 예언가' 노스트라다무스가 남긴 예언이 1970년대에 일본에서 큰 화제가 되면서 많은 사람을 공포에 떨게 했다.
그 예언은 다음과 같은 시로 이루어졌다.
"1999년의 7의 달/ 하늘에서 공포의 대왕이 내려오는데/ 앙골모아의 대왕을 부활시키기 위해서이니/ 그 전후(前後)의 기간, 화성은 행복의 이름으로 지배하려 하리라."
얼핏 무슨 말인지 이해가 잘 안 되는데, 이 시에서

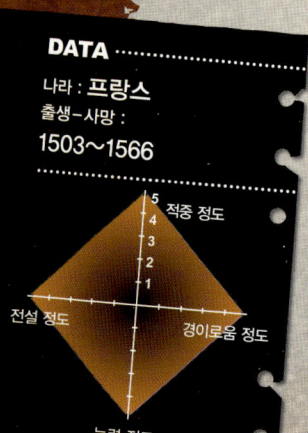

DATA
나라 : 프랑스
출생-사망 : 1503~1566

1장 미래를 꿰뚫어 봤던 예언가와 선지자들

말하는 '공포의 대왕'은 핵무기나 소행성, 혜성과 같은 것으로 여겨졌고, 그것들로 인해 지구가 멸망한다고 해석되었다.

하지만 문제의 1999년에는 아무 일도 일어나지 않았다. 이후에도 지구는 멸망하는 일 없이 존재한다. 그렇다면 노스트라다무스는 엉터리 예언가였을까? 아니다. 그의 예언 능력은 무시무시할 만큼 놀랍다.

놀라운 예언 능력을 발휘!

노스트라다무스는 원래 대학에 소속된 유능한 의사였다. 그런데 40대의 어느 날 불쑥 유럽을 순회하는 여행을 떠났다. 그리고 그 여행에서 무슨 일이 있었는지는 모르겠으나 갑자기 미래를 예견하는 능력을 발휘하기 시작했다. 여행 도중 이탈리아를 방문한 노스트라다무스는 우연히 행색이 초라한 수도사를 마주쳤는데 그에게 무릎을 꿇고 절을 올리더니 당황해하는

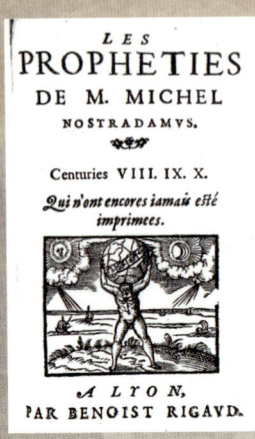

◀ 노스트라다무스의 예언서 《제세기》의 표지.

수도사에게 다음과 같은 말을 했다.
"당신은 미래의 로마 교황입니다."
수도사는 여전히 당황스러워했고, 주변에서 그 상황을 지켜보던 마을 사람들은 비웃었다. 그런데 그 수도사가 후에 교황 식스토 5세가 된다.
여행을 마친 노스트라다무스는 1555년부터 1558년까지 《제세기(諸世紀)》라는 예언서를 집필했다. 이 안에는 당시의 프랑스 국왕 앙리 2세의 사고사에 대한 예언도 있는데 실제로 그의 예언대로 되었기 때문에 큰 화제를 불러일으켰다.
노스트라다무스는 1566년에 사망하는데 《제세기》에는 그 후의 미래에 대해서도 쓰여 있다. 예를 들면 나폴레옹이 프랑스 황제에 즉위한다는 얘기, 독일에 히틀러가 나타나 유럽 사회를 어지럽힌다는 얘기, 그리고 자동차와 라디오의 발명, 히로시마현과 나가사키현에 원자 폭탄이 투하된다는 얘기, 미국 케네디 대통령이 암살된다는 얘기 등……
이러한 사실만 봐도 노스트라다무스가 엉터리 예언가는 아니었다고 말할 수 있지 않을까.

1999년의 예언은 살아 있다!

그렇다면 앞서 언급한 1999년의 인류 멸망 예언은 그저 빗나간 것일까. 사실은 그렇지 않다고 생각되는 사건이 있다.
바로 그해 미국의 한 연구소가 지름 약 560미터의 소행성 베누의 모습을 포착했는데, 베누는 현재도 지구를 향하고 있으며 놀랍게도 2135년에는 2700분의 1의 확률로 지구와 충돌한다고 한다. 즉 '공포의 대왕'의 정체는 어쩌면 베누를 말하는 것인지도 모른다.
다시 말해 노스트라다무스의 예언은 1999년에 멸망하는 것이 아니라, 그때부터 멸망이 시작된다고 하는 의미였을지도 모른다.

1장 미래를 꿰뚫어 봤던 예언가와 선지자들

◀ 2001년 미국의 9.11 동시다발 테러 사건으로 무너진 세계무역센터 빌딩.

미국의 '9.11 테러 사건'을 예언하다!

불가리아의 예언가 바바 뱅가는 1989년 다음과 같은 예언을 남긴다.
"미국 형제들이 철로 만들어진 새에게 공격당해 무너져 수풀 안에서 늑대들이 울부짖고 무고한 피가 넘쳐흐를 것이다."

이 예언은 거의 주목받지 못했지만, 시간이 지나 2001년에 비로소 각광을 받게 된다. 2001년 9월 11일 테러리스트에게 납치된 비행기가 미국의 세계무역센터 빌딩에 충돌한 것이다. '9.11 동시다발 테러 사건'이다. '미국의 형제'는 쌍둥이 빌딩이라고도 불리는 세계무역센터 빌딩을 가리킨 것이고, 수풀은 영어로 부시(Bush) 즉 사건 당시의 미국 대통령 부시를 말하는 것이었다.

당시 그 누구도 상상하지 못했던 비극을 10년이나 훨씬 전에 예언을 했다는 사실로 바바 뱅가의 이름은 전 세계에 알려지게 되었다.

역대 국가 원수도 의지했던 국가 공인 예언가

그런데 바바 뱅가가 그때까지 전혀 알려지지 않은 예언가였던 것은 아니다. 열두 살 때 폭풍우에 휩쓸린 직후부터 시력을 잃는 대신에 미래가 '보이는' 능력이 생겼다. 그리고 재해에 대한 예측이나 소련(지금의 러시아 등)의 독재자 스탈린의 죽음 등 각종 예언이 적중했다. 예지 능력으로 행방불명자를 찾는 일도 도왔다.

그녀의 능력은 불가리아의 역대 국가 원수도 자문을 구할 정도로 화제가 되어 '국가 공인 예언가'라는 보기 드문 지위가 주어졌을 정도였다.
일본에서는 아는 사람만 아는 존재였지만, 불가리아나 그 주변 국가에서는 명성이 자자한 인물이었다.
또한, 요 몇 해 사이 적중한 예언 중에는 2011년의 후쿠시마 제1 원자력 발전소 사고도 있었다.

3000년 후의 미래까지 '내다봤다'

바바 뱅가는 1996년 사망하기 전까지 수많은 예언을 남겼는데 물론 빗나간 경우도 있다.
"미국의 제44대 대통령은 흑인으로, 마지막 대통령이 된다."는 예언의 경우 물론 제44대 대통령 오바마는 흑인이었지만, 그다음에 트럼프가 대통령에 취임했으니 마지막 대통령은 아니었다. 또, "2010년 11월부터 제3차 세계대전이 일어난다."는 예언도 이미 빗나갔다.
그렇다면 아직 결과가 나오지 않은 앞으로의 사건을 예언한 것 중에는 어떤 것이 있을까? 일례를 들면 앞으로는 중국이 거대 강국으로서 아시아의 리더가 될 것이라고 한 예언은 전혀 가능성 없는 얘기는 아니다.
게다가 2033년에는 타임머신이 완성되고, 2296년에는 태양에서 대폭발이 일어나 그 영향으로 지구에 사는 생명

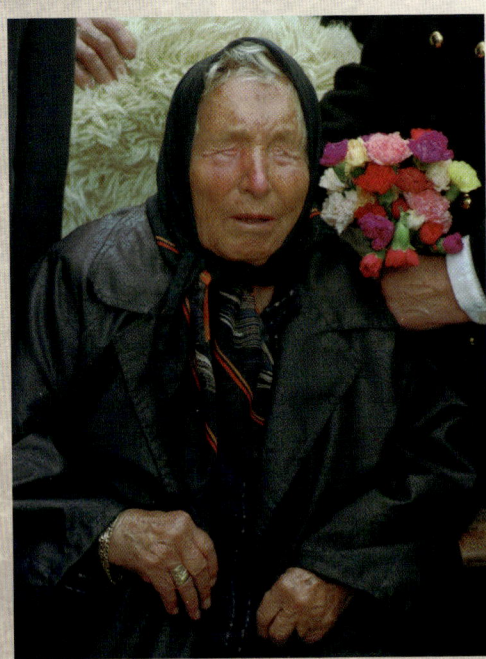

▲불가리아의 국가 공인 예언가였던 바바 뱅가.

대부분이 멸종하며, 3797년에는 살아남은 인류가 새로운 별로 이주하고, 5079년에는 세계 종말을 맞는다고 했다.
이런 터무니없는 미래 예언이 맞아떨어지게 될지 어떨지 알 길은 없으나 바바 뱅가가 그런 미래를 '보았다'는 것은 놀라운 일이다.

03 진 딕슨

예언가·선지자

대통령 암살을 예언해 적중시킨 대예언가

▲ 수정 구슬로 미래를 예언한 진 딕슨.

케네디 대통령 암살에 관한 예언이 적중

수정 구슬을 사용한 점술가로 평판이 자자했던 진 딕슨은 1956년 5월 잡지 취재를 요청받았을 때 다음과 같은 예언을 한다.

"1960년경에 선출되는 민주당 대통령이 암살당한다. 범인의 이름은 OS로 시작된다."

그리고 그 예언대로 1963년 민주당 출신 케네디 대통령이 오스왈드(Oswald)에 의해 암살당한다. 이 예언으로 딕슨의 명성은 단번에 각광을 받아 예언가로서 주목받게 된다.

그녀가 미래를 예견할 수 있게 된 것은 여덟 살

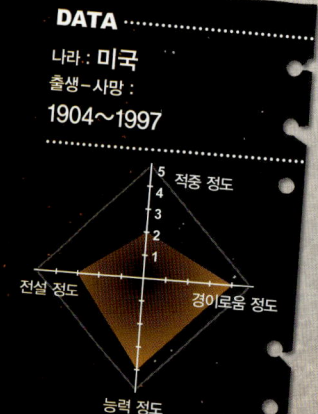

DATA
나라 : 미국
출생-사망 :
1904~1997

적중 정도 5/4/3/2/1
전설 정도
경이로움 정도
능력 정도

1장 미래를 꿰뚫어 봤던 예언가와 선지자들

때로, 동네를 찾아온 한 여성 점술가가 넘겨준 수정 구슬을 통해서다. 케네디 암살 예언 이후에도 인기 여배우 마릴린 먼로의 사망이나 소련(지금의 러시아 등)이 인공위성 발사에 성공한다는 등의 예언을 잇달아 적중시켰다. 그렇게 해서 그녀는 미국 권력자들의 신뢰를 얻어 조언하는 입장이 되어 갔다.

딕슨은 또 "1990년대부터 세계에 혼란이 발생하여 2015년에 정점을 다다르고 2030년까지 이어진다."고 예언했다. 그리고 "2030년 이후 세계는 평화를 되찾고, 2037년에는 구세주가 나타난다."는 예언을 마지막으로 두 번 다시 예언을 입에 올리는 일 없이 점술가를 은퇴하고 1997년에 숨을 거두었다.

과연 그녀의 예언은 적중할까?

예언가 · 선지자

04 에드가 케이시
온 우주의 탄생에서 멸망까지의 기록을 읽는다

미래를 꿰뚫어 보는 '잠자는 예언가'!

노스트라다무스, 진 딕슨과 나란히 '세계 3대 예언가'로 꼽히며 '20세기 최대의 예언가'라고도 불리는 인물이 바로 에드가 케이시다. 그의 예언은 온 우주의 탄생에서부터 멸망에 이르기까지의 모든 것이 기록된 '아카식 레코드(Akashic Records)'라는 기억의

▲ '잠자는 예언가' 에드가 케이시.

집합체에 접촉하여 이루어진다고 한다. 케이시는 최면 상태에 들어가면 아카식 레코드에 자유자재로 접속할 수 있으며, 필요한 정보를 읽어 내어 많은 예언을 남겼다. 그래서 '잠자는 예언가'라고 불렸다.

케이시가 예지 능력에 눈을 뜬 것은 스물세 살 때로 이후 은퇴하기까지 43년간 아카식 레코드를 읽어 내어 1만 4,246건의 예언을 남겼다. 그 대부분은 현재도 치료가 어려운 질병의 치료법에 대한 것이다. 이 기록은 모두 미국의 '연구와 계몽을 위한 협회'에 보존되어 질병의 진단이나 치료의 데이터로서 공개되고 있으며, 지금까지 수천 명의 목숨을 구한 실적도 남겼다. 그리고 지금도 의사나 과학자들에 의해 분석, 연구가 진행되고 있다.

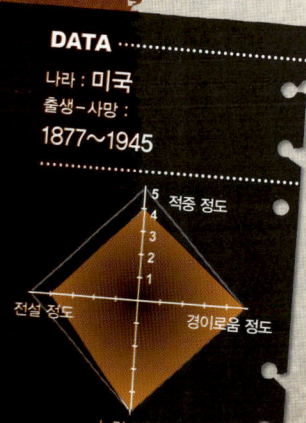

DATA
나라 : 미국
출생~사망 : 1877~1945

초고대 대륙이 다시 떠오른다!

케이시가 남긴 예언에는 질병 치료법 이외에도 인류나 세계의 사건, 지구의 미래에 대한 것도 있다.

그중에서도 그의 이름을 미국 전역에 널리 알린 예언이 '세계 대공황'에 대한 예언이다. 이것은 1929년에 시작되는 세계적인 경제 불황을 가리키는 것으로, 케이시는 그것을 4년 전에 예견했고, 나아가 공황이 끝나는 시기에서부터 경제 상태가 회복하는 시기를 적중시켰다.

그 밖에도 미국의 루스벨트 대통령과 케네디 대통령의 사망이나, 제2차 세계

1장 미래를 꿰뚫어 봤던 예언가와 선지자들

대전의 발발을 비롯해 전쟁 종료, 소련 붕괴 등 많은 예언이 적중했다. 케이시 예언 중에서도 특히 주목받는 것은 '아틀란티스'에 관한 내용이다. 아틀란티스는 수만 년 전에 대서양에 존재했었다고 하는 초고대 대륙으로 사람들이 그곳에서 현재의 과학을 뛰어넘는 문명을 구축했었다고 한다. 그런데 1만 2,000년 전에 대규모 지각 변동이 일어나면서 고작 하루 사이에 아틀란티스는 바닷속으로 가라앉아 버렸다고 한다.
케이시는 이 환상의 초고대 대륙과 관련하여 "1998년 이전부터 다시 떠오르기 시작하는데, 그 증거는 1968년이나 1969년에 플로리다 반도로부터 멀리 떨어진 바다에서 발견될 것."이라고 예언했다.

그 말대로 1968년 비밀의 해저 유적이 플로리다로부터 거리가 먼 바다에서 발견되었다. 아틀란티스가 다시 떠오르는 증거에 대한 예언은 놀랍게도 적중했다고 말할 수 있을 것이다. 하지만, 21세기에 들어선 현재까지 아틀란티스 대륙 자체의 재부상은 현실화되지 못하고 있다. 그래도 케이시의 예언이 완전히 빗나갔다고는 말할 수 없다. 왜냐하면 아틀란티스 대륙의 재부상이 시작될 것이라고 말했을 뿐이니까.
우리가 모르는 곳에서 이미 재부상이 진행되고 있을 가능성도 있는 것이다.

예언가·선지자 05

데구치 오니사부로

자신의 몸에 들어온 신의 메시지를 전달하는 대예언가

도쿄 대공습을 예언!

일본의 메이지(1867~1912년)에서 쇼와(1926~1989년) 초기에 걸쳐 형성된 종교 단체 '오모토(大本)'. 그 단체의 교주이자 일본에서 손꼽히는 대예언가가 바로 데구치 오니사부로이다.

그는 '땅의 금신'이라는 신이 자신의 몸에 들어와 전하는 말을 기록하는 것으로 수많은 예언을 남겨 왔다. 경이로운 적중률을 자랑하는 예언과 오니사부로의

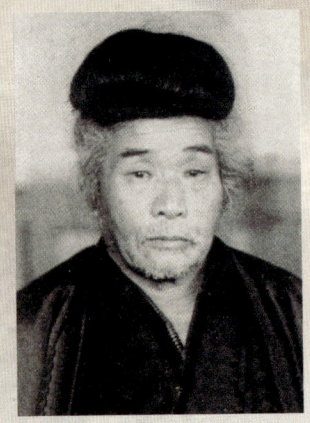

▲ 일본 최대의 예언가이자 종교 단체의 교주였던 데구치 오니사부로.

신비한 매력에 오모토는 순식간에 신흥 종교로서 굉장한 세력을 지니게 된다. 하지만 신자가 점점 늘어나고 사회적인 영향력이 커져 가는 오모토를 일본 정부에서는 위험하게 여겼다. 오니사부로는 치안 유지법 위반 등의 혐의로 체포된다. 1942년에 보석으로 풀려난 오니사부로는 그 무렵부터 신자들에게 제2차 세계 대전에서 일본이 패배한다는 예언을 했다. 그 직후 일본의 패전은 현실이 되었다. 게다가 오니사부로는 "도쿄가 공습을 받는다.", "히로시마는 마지막에 가장 심한 꼴을 당한다. 그것으로 전쟁이 끝이 난다."고도 예언했다. 그의 예언대로 1945년 3월 도쿄 대공습이 일어나 도쿄는 전화(戰火)로 허허벌판이 되었고, 8월에는 히로시마에 원자 폭탄이 투하되어 전쟁이 끝났던 것이다. 또한, 오니사부로는 전쟁 후 일본의 부흥에 대해서도 예언했다. 그는 그런 앞일까지 신의 힘으로 보고 있었다.

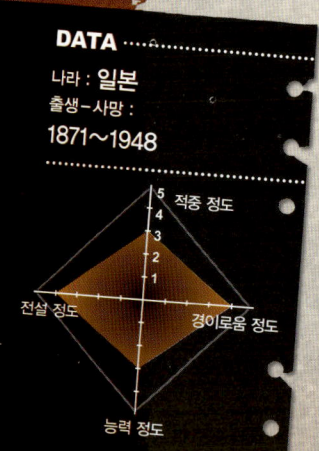

DATA
나라 : 일본
출생-사망 :
1871~1948

세상을 다시 세우는 '대환란'을 예언

오니사부로는 전쟁이 끝나고 3년이 지난 1948년에 그 생애를 마치지만, 신이 전해 준 미래에 대한 예언을 많이 남겼다.

그중에서도 잘 알려진 것이 '대환란'에 대한 예언이다. 이것은 '세상을 다시 세우기 위한 대환란이 일어날 때 해가 뜨는 곳(일본)에 불의 비가 내린다.'는 섬뜩한 내용의 예언이다.

오모토 신자 대부분은 '불의 비가 내린다'는 말의 의미에 대해서 대전 중의 대공습을 의미하며, 그 후 일본이 다시 일어서 '세상의 재건'을 이룬다고

1장 미래를 꿰뚫어 봤던 예언가와 선지자들

생각했다. 그런데 오니사부로는 그런 해석에 대해서 "불의 비는 대공습을 말하는 게 아니다. 정말로 불이 떨어져 내린다."고 딱 잘라 말했다. 즉 아직 대환란을 맞지 않았다고 말했던 것이다.

게다가 다른 예언으로는 지구를 뒤흔들 만한 규모의 대변이가 일어나 화산의 분화나 거대 지진이 발생하고 동시에 제3차 세계 대전도 발발하며, 그로 인해 세계 인구의 3%밖에 살아남지 못한다는 내용도 있다. 그렇다면 이 '대환란'과 '공포의 파국'이 도대체 언제 일어나느냐는 것이 문제인데, 그에 대해서 오니사부로는 다음과 같은 상황이 되었을 때라고 말했다고 한다. "버튼만 누르면 화려한 에도의 연극을 볼 수 있게 된다.", "전화기도 작아져서 손목에 감을 수 있다.", "시속 700km의 탄환 열차가 지상에 떠서 달리게 된다."

이것들은 TV나 웨어러블(Wearable) 단말기, 자기 부상 열차를 연상시킨다. 즉 오니사부로의 시대에는 미래였지만, 그야말로 바로 지금 시대를 말하는 것이다.

오니사부로는 죽기 직전까지 대환란이 반드시 올 것이고, 일본인은 2%밖에 살아남지 못할 것이며, 악인은 모두 죽는다고 경고해 왔다. 그런 전대미문의 종말이 이미 시작되었는지도 모르겠다.

예언가·선지자 칼럼

그 역사상의 인물은 예언가였다?!

미래를 예지한 쇼토쿠 태자

쇼토쿠 태자는 아스카 시대(538년~710년)에 스이코 천황 밑에서 활약했던 정치가로서 알려져 있다.

한편, '한 번에 열 명이 하는 말을 알아들을 수 있었다.', '천마를 타고 하늘을 누볐다.'와 같은 초인적인 전설을 수없이 많이 남긴 인물이기도 하다. 그가 가진 능력 중에서도 특히나 경이로웠던 것이 예지 능력이다. 《일본서기》에도 쇼토쿠 태자를 가리켜 '겸지미연(兼知未然)'이라는 단어로 소개하는데, 즉 '아직 일어나지 않은 일들을 알았다.'는 의미다.

쇼토쿠 태자는 다섯 살 때 스이코 천황이 여성 최초로 천황이 된다는 것을 예언했는데 14년 후에 현실이 되었다.

그뿐만이 아니다. 그는 이후의 세상에 대해서도 《미래기(未來記)》라는 책에 남겨 두었다. 예를 들면 가마쿠라 시대(1185년~1333년) 말기의 무장 구스노키 마사시게는 《미래기》에 자신이 가마쿠라 막부를 쓰러뜨린다고 예언된 내용을 보고 막부 타도를 위한 전투에 기세를 올렸다고 한다. 또한, 1274년과 1281년에 원나라가 일본을 침공한 '몽고습래'나 미국의 흑선 내항에서 시작된 '메이지 유신', 나아가 일본의 1990년대 초기의 '버블 붕괴'나 2001년의 '9.11 동시다발

▲아스카 시대의 정치가 쇼토쿠(聖德) 태자.

테러 사건'까지도 예언했다. 그 적중률은 그야말로 압도적이다. 그리고 일본에 '구반다'라는 악귀가 동쪽의 수도에 나타날 때 수도가 7개로 나뉜다고 하는 종말 예언도 있다. 그것이 언제인지, 도대체 어떤 일이 일어나는지는 유감스럽게도 알 수가 없다.

나라의 혼란을 예언한 '구세주' 니치렌

가마쿠라 시대의 니치렌은 '법화경이야말로 진실한 가르침'이라고 설파하며 과격한 언동을 했다. 이 일로 인해 다른 종파의 신자와 권력자들로부터 미움을 받아 습격을 당하는 등 많은 탄압을 당했다. 그러나 니치렌은 자신이 구세주인 '상행보살(上行菩薩)'의 환생이라고 믿으며 탄압을 받는 것도 또한 구세주라는 증거에 지나지 않는다고 주장했다.

그리고 법화경을 널리 알리는 수단으로써《입정안국론(立正安國論)》을 저술했다. 이것은 니치렌의 가르침에 따르지 않으면 '국내의 모반'과 '타국의 침략'으로 인해 나라가 멸망한다는 내용이다.

막부는《입정안국론》따위는 터무니없는 소리라며 분노하는데……. 세상에는 그야말로 니치렌의 예언과 맞아떨어지는 사건이 속출한다. 1272년에는 막부 내에서 '2월 소동'이라는 내분이 일어나고, 게다가 1274년과 1281년 두 차례에 걸친 원나라의

▲스스로를 구세주의 환생이라고 주장하며 세상 일을 예언했던 니치렌.

예언가·선지자 칼럼

'몽고습래'가 발생했던 것이다.
그 후 예언이 적중하는 것에 자신감을 얻은 니치렌은 '지금이야말로 진정한 구세주인 부처가 나타날 때'라고 주장한다. 하지만, 그 예언은 빗나갔는지 아직까지 구세주는 나타나지 않은 것 같다.

마력을 얻은 나폴레옹의 중국에 대한 예언은 실현될까?

1700년대 말경에 발생한 프랑스 혁명으로 대혼란에 빠졌던 나라를 통합해 황제가 된 나폴레옹 보나파르트.
그는 "중국이 눈을 뜰 때 세계가 흔들릴 것이다."라고 예언했다.
나폴레옹이 죽은 뒤에도 중국은 '잠자는 사자'라고 불릴 뿐 잠에서 깨어나는 일이 없었다.
그런데 최근에 그 예언이 주목을 모으고 있다. 그도 그럴 것이 현재 중국은 대규모 경제 성장을 이루어 내고 있기 때문이다.
중국은 앞으로도 세계 경제를 견인할 나라 중 하나가 될 것으로 보인다.
사실 나폴레옹은 1798년 이집트 원정 시에 기자의 대피라미드에서 마력을

▲ 프랑스 황제 나폴레옹 1세는 마력을 가지고 있었다고 한다.

얻어 미래를 봤다고 전해진다. 그 힘 덕분에 프랑스의 영웅이 되었다고도 한다. 나폴레옹의 예언은 이제는 무시하기 어려운 예언이 되고 있다.

'성스러운 창'의 힘으로 미래를 예언한 히틀러

제2차 세계 대전 중 나치 독일을 이끌었던 독재자 아돌프 히틀러는 신비한 힘을 찾아 헤맸다. 그리고 1938년에 불가사의한 힘을 간직한 '성스러운 창'을 손에 넣었다는 전설을 남겼다.

전설이 진실처럼 느껴질 정도로 그는 그 후 신비의 힘으로 많은 예언을 남겼는데, 예를 들면 물리학자 아인슈타인의 이론을 토대로 미국에서 개발한 원자 폭탄이 일본에 투하된다는 것, 그리고 나치가 전쟁에 패배하여 미국과 소련이 세계의 리더가 된다는 것. 그리고 인공 지능이 개발되어 세상에 쓰이게 된다는 것 등의 예언이 적중했다.

여기서 한 가지 마음에 걸리는 것은 그의 미래 예언이다. 히틀러는 2039년에 천재지변과 더불어 최후의 전쟁이 일어난다고 주장했다. 그 예언이 적중할지 어떨지는 20년 후면 밝혀지게 된다!

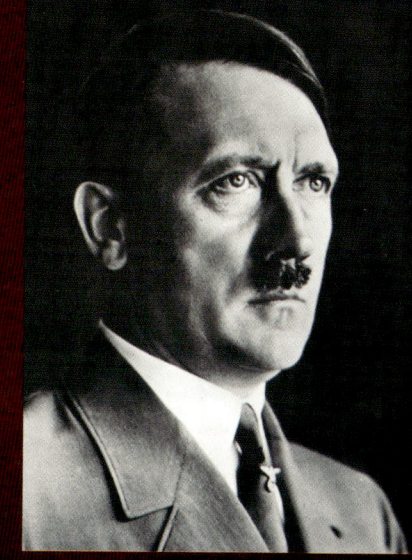

▶ 많은 예언을 남겨 적중시킨 독재자 히틀러.

예언가 · 선지자

06

모세

바다가 갈라지는 기적을 일으킨 선지자

이집트 탈출의 기적을 일으키다

모세는 3000년도 전에 존재한 인물로 이스라엘인 대선지자이다. '선지자'란 간단히 말하면 '신의 말을 들은 자', 달리 말하자면 신의 계시를 사람들에게 전달하는 자이다. 미래에 일어날 일을 앞서 안다는 점에서는 '예언가'와 비슷하나 의미는 다르다. 신의 목소리를 들은 선지자 모세는 이집트에 지배당하던 이스라엘인의 아이로 태어났다. 양치기였던 모세는 80세 때 "이스라엘의 백성을 구해 내어 약속의 땅 가나안으로 데려가라."는 신의 목소리를 듣고, 이스라엘인 지도자로서 이집트 왕에게 이스라엘인의 해방을 호소했지만

DATA
나라 : 이집트
출생–사망 :
기원전 13세기경

적중 정도
전설 정도
경이로움 정도
능력 정도

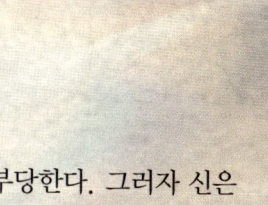

1장 미래를 꿰뚫어 봤던 예언가와 선지자들

거부당한다. 그러자 신은 이집트에 열 가지 재앙을 가져왔다.

이 재앙에 항복한 왕은 이스라엘인이 이집트에서 떠나는 것을 허락했다. 하지만, 왕의 마음이 바뀌어 모세 일행은 병사들에게 쫓겼다. 눈앞의 바다가 길을 가로막아 그야말로 절체절명의 위기를 맞게 된 순간, 모세는 신에게서 받은 지팡이를 높이 치켜들었다. 그러자 바다가 좌우로 갈라지는 기적이 일어나 그들은 앞으로 나아갈 수 있었다. 이집트 병사들이 뒤를 쫓지만 이스라엘인이 모두 건너자 갈라졌던 바다가 원래 상태로 되돌아가는 바람에 병사들은 바다에 집어삼켜지고 말았다. 이 기적은 후에 '이집트 탈출(출애굽)'이라고 불린다.

또한, 그 후 모세가 전하는 신의 말을 믿지 않는 이스라엘인들 때문에 신의 분노를 사 약속의 땅 가나안에 도착하기까지 40년이 걸렸다고 한다. 그리고 모세도 딱 한 번이지만, 신의 말을 거역했던 탓에 120세의 나이로 죽을 때까지 가나안에는 발을 들여놓지 못했다.

1장 미래를 꿰뚫어 봤던 예언가와 선지자들

◀ 환시를 통해 세계 종말을 본 뛰어난 예언자 다니엘.

핵전쟁과 방사능 오염의 세상을 예언?!

유대인의 왕족(또는 귀족)으로 전해지는 다니엘은 꿈 해몽을 통해 미래를 예언하여 모시던 왕들로부터 절대적인 신뢰를 받았다. 그만큼 중대한 신의 계시를 정확히 예언했기 때문이다.

그런 다니엘이 본 미래의 모습으로 가장 유명한 것이 신이 직접 그에게 보여 준 환상을 기록한 《구약성서》 '다니엘서' 마지막 부분의 예언이다.

마치 꿈만 같은 그 광경은 사방의 하늘에서 바람이 불어닥쳐 바다가 거칠어지기 시작하더니 머리 4개 달린 거대한 짐승이 나타났다고 하는 것이다.

이 머리 4개 달린 짐승은 바로 마침내 세상에 나타나는 4개 국가의 왕을 나타내는 것으로 여겨지며, 성서 연구에서는 신바빌로니아, 메디아/페르시아, 그리스, 로마의 4개 나라를 가리키는 것으로 해석되고 있다. 하지만 로마로 여겨지는 네 번째 머리의 짐승에 대해서는 의문이 제기된다. 왜냐하면 '다니엘서'에는 "홍수, 전쟁, 황폐가 이어지다가 1,335일 후 천사 미카엘이 나타나 많은 사람을 구하고 그 이외의 자는 영원한 치욕을 겪게 된다."고 기술되어 있기 때문이다. 고대 국가 로마가 아무리 강력하게 침략을 했다고 해도 이것은 다소 과장된 표현일 것이다. 그래서 이를 핵전쟁과 방사능 오염을 묘사한 것이라고 생각하는 연구자도 있다. 다니엘의 종말 예언은 앞으로 일어나게 될 일로 생각된다.

예언가·선지자

08 사도 요한
세계의 대종말을 묘사한 계시록의 저자

종말이 다가왔을 때 4인의 기사가 출현한다!

세계 각지에서 다양하게 전해지고 있는 종말 예언 중에서도 가장 잘 알려져 있고, 가장 공포에 가득 찬 것이 예언서 《요한 계시록》이다. 요한은 그리스도교의 창시자인 예수의 제자로 12사도 중 한 사람이다. 그가 아직 소년이었을 때부터 예수가 가르침을 널리 알리는 여행에 따라다니면서 각별한 사랑을 받았다고 한다.

▲예수의 제자 중 한 사람인 예언자 사도 요한.

또, 예수는 자신이 죽은 후 요한에게 자신의 어머니를 보살펴 달라고 부탁했다고도 한다. 그런 예수가 사후에 요한에게 보여 준 것으로 여겨지는 미래의 비전이 기록되어 있는 것이 《신약성서》의 마지막을 장식하는 '요한 계시록'이다.

계시록에 따르면 세계 종말은 인간이 신으로부터 받은 7개 두루마리의 봉인을 풀었을 때 시작된다고 한다. 이 두루마리가 글자 그대로 그냥 두루마리인지, 아니면 뭔가를 상징하는 것인지는 연구자에 따라서도 해석이 나뉘어 확실치가 않다.

그중 최초 4개의 봉인은 하나씩 풀릴 때마다 한 명의 '기사'가 출현한다.

4인의 기사는 각각 지상을 지배하고, 전쟁과 굶주림과 죽음을 초래한다. 즉 4인의 기사는 인간의 미래에 고난이 찾아온다는 것을 예언한 존재라고 여겨지고 있다.

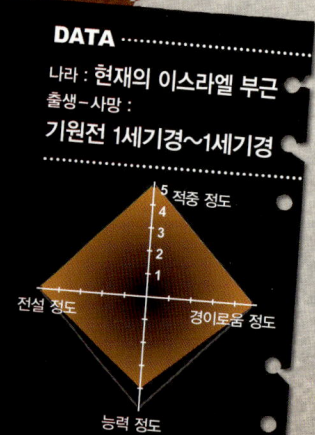

DATA
나라 : 현재의 이스라엘 부근
출생~사망 :
기원전 1세기경~1세기경

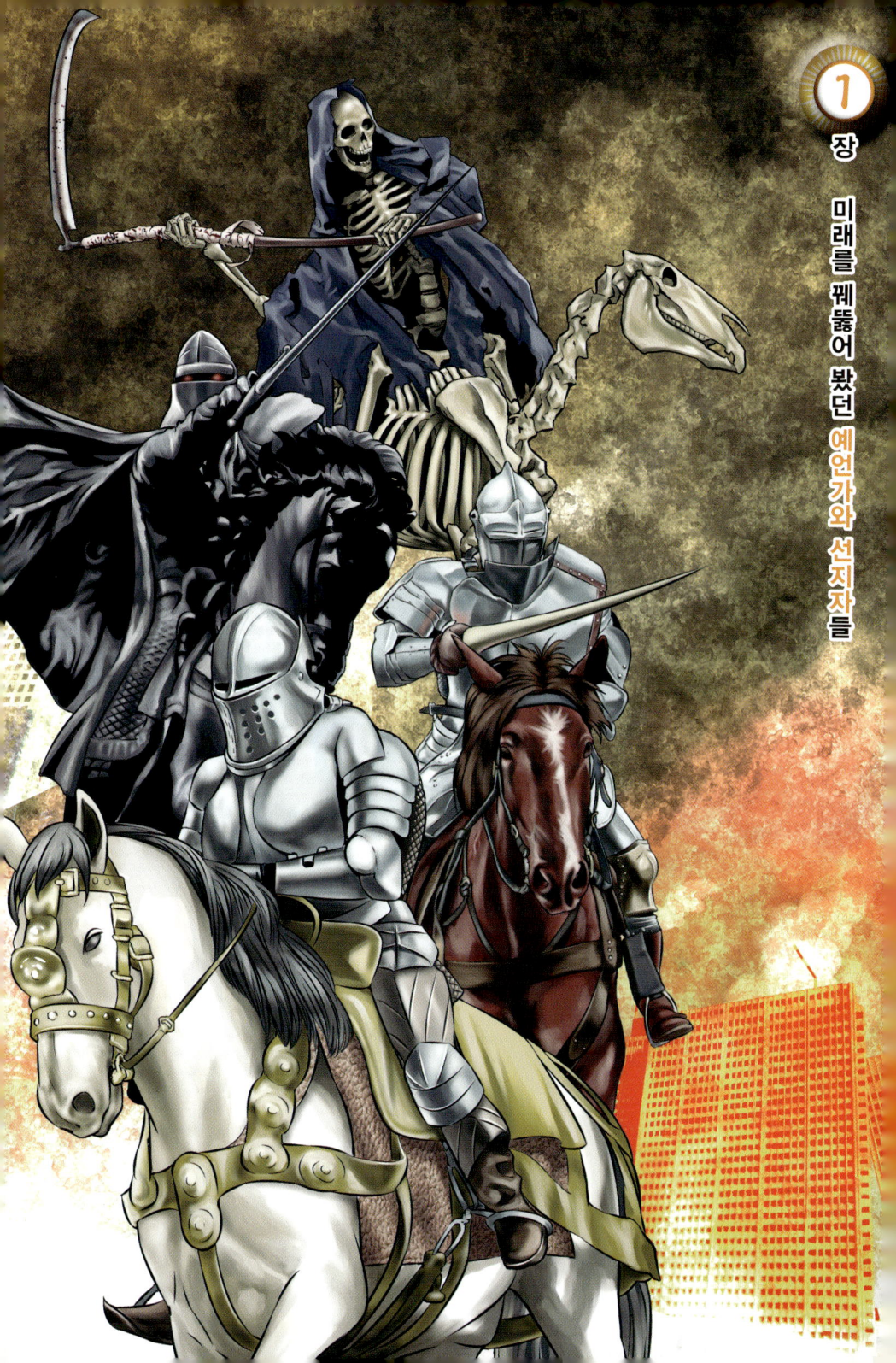

천사의 출현과 더불어 세계는 멸망한다!

게다가 나머지 3개의 봉인이 풀리면서 대지진 등의 천재가 잇달아 발생한 후 한동안 평온이 찾아온다. 그러나 이게 끝이 아니다. 그 후 7인의 천사가 출현하는 것이다. 천사들이 재앙의 나팔을 불면 지상에는 한층 더 큰 재앙이 닥친다. 지상의 3분의 1은 화염에 휩싸여 타 없어지고, 바다의 3분의 1은 사람들의 피로 붉게 물들어 바다 생물 3분의 1이 죽음에 이른다. 그리고 지구에 빛을 가져다주는 태양, 달, 별의 3분의 1이 어둠에 뒤덮이고 만다.

그리하여 마침내 마지막이 찾아오는데, 7인의 천사가 신의 분노가 들어간 화분을 지상에 떨어뜨린다. 그리고 '마지막 7개의 재앙'에 의해 인간 세상은 화염에 휩싸여 버리고 대지진으로 섬과 산이 사라진다.

1장 미래를 꿰뚫어 봤던 예언가와 선지자들

'요한 계시록'은 여러 가지 신비로운 지식에 의해 기술되어 있어서 해석이 어렵지만, 그 묘사는 그야말로 지옥도임에 틀림이 없다. 그리고 '마지막 7가지 재앙'은 핵전쟁으로 붕괴된 세계의 모습을 연상시킨다. 다행스럽게도 핵전쟁은 일어나지 않았지만, 놀랍게도 환경 파괴에 따른 이상 기후가 이어지고 있는 현재의 상황은 '요한 계시록'을 통해 보여 주는 예언의 묘사와 겹치는 점도 많다. 어쩌면 이미 종말의 때가 시작되었는지도 모르겠다.

또한, 이 종말의 재앙 후 '신에게 축복받은 새로운 세계'가 찾아온다고 하는데, 도대체 얼마나 많은 인간이 살아남게 될까?

예언가·선지자 09

성 말라키

역대 로마 교황을 예언한 성인

마지막 교황 다음은?!

성 말라키는 12세기의 아일랜드에서 신비한 능력을 발휘했던 성직자이다. 그가 행한 기적 중에서도 주목할 만한 것은 1139년에 쓴 것으로 여겨지는 《성 말라키의 예언》이다.

이 예언서에는 놀랍게도 1143년에 165대 로마 교황이 된 첼레스티노 2세에서부터 공식적으로는 인정받지 못한 10인을 포함한 266대 교황에 이르기까지 112인에 대한 정보가 쓰여 있었다.

DATA
나라 : 아일랜드
출생-사망 :
1094?~1148

- 적중 정도
- 전설 정도
- 경이로움 정도
- 능력 정도

그리고 더욱 놀라운 일은 111인(265대)의 교황에 대한 정보가 모조리 적중했다. 그래서 당연한 일이지만, 현재의 266대 교황이 자리에 오를 때도 성 말라키의 예언이 주목을 받았다. 예언에는 '로마인 베드로'라고 적혀 있었는데, 266대 교황의 자리에 오른 인물은 프란치스코였다. 경이로운 적중률을 자랑해 왔던 성 말라키의 예언은 여기서 빗나갔다고 생각되었다. 그런데 예언은 빗나가지 않았다. 프란치스코 교황이 교황명으로 선택한 이름은 지오반니 프란치스코 디 피에트로 베르나르도네. 여기서 놀라운 점은 피에트로가 베드로의 이탈리아어 발음이었던 것이다.

그런데 여기까지 전부 적중하자 새로운 의문이 생겼다. 그 이유는 성 말라키가 266대까지밖에 예언하지 않았기 때문이다. 즉 프란치스코가 마지막 교황이라는 생각을 할 수도 있다. 그렇다면 그다음 세상은 찾아오지 않는다고 해석할 수도 있지 않을까?!

| 예언가·선지자 칼럼 |

출현의 기적과 계시를 가져오는 성모 마리아

병을 치유하는 루르드 샘물의 기적

성모 마리아는 예수를 낳은 어머니로 자애로움이 넘치는 성모로서 세계 각국에서 신앙이 되고 있다. 그녀는 사후에도 수많은 기적과 계시를 가져왔다.

근대에 마리아가 일으킨 기적으로 가장 유명한 것이 프랑스 남서부에 있는 루르드 샘물의 기적이다.

1858년 2월 루르드에 사는 열네 살 소녀 베르나데트 수비루가 마을 변두리에 있는 동굴에 들어갔을 때 성모 마리아가 갑자기 출현했다. 마리아의 신비로운 아름다움에 시선을 뺏긴 베르나데트는 그 후에도 동굴에서 마리아와 만났다.

그리고 아홉 번째 출현 시에 마리아는 베르나데트에게 땅을 파라는 계시를 내린다. 베르나데트가 성모의 말대로 땅을 팠더니 샘물이 솟아났다고 하는데, 이 샘물을 마시거나 몸에 적시면 병이 낫는 기적이 일어났다. 그 소문이 퍼지면서 루르드의 샘물에는 매일 많은 사람들이 찾아오게 되었다. 현재도 그 기적은

▲프랑스 남서부 루르드 샘물. 현재도 병을 치유하기 위해 연간 500만 명의 사람들이 방문하는 성지가 되었다.

이어지고 있으며 연간 500만 명의 사람이 모여드는 기적의 성지가 되었다.

한편, 기적을 체험한 베르나데트는 후에 수도원에 들어가 신앙생활을 하게 되는데 고작 서른다섯의 나이로 세상을 떠났다. 그리고 그녀의 유체는 방부 처리를 하지 않았음에도 불구하고 아름다운 모습 그대로 그녀가 살았던 수도원에 있는 유리 관에 안치되어 있다.

▲베르나데트의 유체는 사후 140년 가까이 지난 지금도 아름다운 모습을 유지하고 있다.

7만 명 앞에서 일어난 파티마의 기적과 남겨진 계시

루르드 샘물의 계시와 기적에 견줄 만한 유명한 사건이 파티마의 기적이다.

1917년 5월 13일, 포르투갈의 작은 마을 파티마에서 목동 소녀 루치아 등 세 명의 아이 앞에 성모 마리아가 나타났다. 그리고 마리아는 매월 같은 시각, 같은 장소에 나타나겠다고 말했고, 세 명의 목동은 기도를 올렸다. 성모 마리아가 출현했다는 소문은 마침내 포르투갈 전체에 퍼졌다. 마리아의 모습을 잠깐이라도 보고 싶은 마음에 출현 횟수가 거듭될수록 많은 사람들이 모여들게 되었는데, 마리아의 모습은 루치아 등 세 명의 어린 목동에게만 보였다.

마침내 마리아 출현 마지막이 된 6회째 출현이 있었던 10월 13일에 기적이 일어났다. 약 7만 명의 사람들이 지켜보는 가운데 태양이

> 예언가·선지자 칼럼

빙글빙글 돌면서 7가지 색의 빛을 뿜어내며 주변 일대를 환상적으로 물들였던 것이다! 경악을 금치 못한 사람들은 그 광경에 멍한 상태가 되었다. 이것이 '파티마의 기적'이다. 또한, 이때 마리아는 루치아 등 세 명의 목동에게 세 가지 계시를 내렸다. 첫 번째는 당시 한창 벌어지고 있었던 제1차 세계 대전이 머지않아 끝난다는 것. 두 번째는 제2차 세계 대전이 시작된다는 것. 이 두 가지 계시는 이미 증명된 사실이다.

▲파티마의 기적의 무대가 된 장소에는 현재 대성당이 세워져 있다.

문제는 세 번째 계시인데, 그 내용은 '로마 교황 암살'이라는 것으로 실제 1981년에 교황 요한 바오로 2세의 암살 미수 사건이 발생했다. 그런데 예언 연구자들은 그 계시의 전체 내용을 교황청이 아직까지도 숨기고 있다고 주장한다. 사실 마리아에게서 계시를 받은 루치아는 "그것은 일부에 불과하다." 고 호소하기도 했다.

그렇다면 세 번째 계시의 전체 내용은 뭘까? 제3차 세계 대전의 발발 또는 천재지변의 발생일까? 그 답은 아직까지 밝혀지지 않고 있다.

세계 곳곳에서 보고된 '눈물을 흘리는 마리아상'이 의미하는 것은?

성모 마리아의 기적의 일부로 세계 각지에서 화제가 되는 것이 '눈물을 흘리는 마리아상'이다.

성당 등에 안치되어 있는 성모상이 어느 날 갑자기 눈물과 같은 액체(또는 피와 같은 붉은 액체)를 눈 주변에서부터 흘린다고 하는 괴이한 현상이 때때로 보고되고 있는 것이다.

그 액체에 대한 조사가 이루어지기도 했는데, 인간의 눈물 또는 혈액 성분과 일치하는 경우도 많았다. 하지만 흘러내리는 원인은 전혀 밝혀지지 않았다.

세계에서 전쟁이나 테러, 천재지변 등 비극적인 사건이 일어나기 전에 마리아상이 눈물을 흘리는 경우가 많다는 얘기도 있다. 즉 그러한 비극을 경고하기 위해 마리아가 자신의 성모상을 통해 눈물을 흘린다고 여겨지기도 하는 것이다. 이 역시 성모 마리아의 계시의 하나라고 생각할 수 있을 것 같다.

예언가·선지자 10

루돌프 슈타이너

수백 년 앞을 꿰뚫어 보는 경이로운 예언 능력

나치가 가져올 불행을 꿰뚫어 봤다!

루돌프 슈타이너는 젊었을 때부터 천재라는 명성을 얻었던 학자이자 사상가이다. 일본에서는 '슈타이너 교육'이라는 교육법을 고안한 인물로도 알려져 있다. 그런데 그것은 그가 지닌 여러 모습 중 하나에 지나지 않는다. 슈타이너는 신비한 지식을 학문으로 정리하여 인간의 정신세계를 키워 내는 것을 지향했던 인물이기도 하다. 그래서 슈타이너는 물질세계를 뛰어넘는 영적 세계를 느끼는 수행법이나 이론을 해명하려고 했다. 그 과정에서 그는 미래를 꿰뚫어 보는 힘을 갖춰 갔다.

▲무시무시한 예지 능력을 지닌 신비한 인물 루돌프 슈타이너.

그런 그의 능력은 확실한 것이었다. 예를 들면 1917년에 혁명가 레닌 주도하에 일어난 러시아 혁명에서 사회주의 국가가 된 소련에 대해서 이 체제가 약 70년은 이어질 것이라고 예언했는데, 그 예언대로 약 70년 후인 1991년, 소련이 붕괴되고 현재의 러시아 연방이 세워졌다.

또한, 제2차 세계 대전을 혼란의 소용돌이로 끌어들인 나치 독일의 아돌프 히틀러에 대해서 히틀러와 나치가 아직 알려지지 않았을 때부터 슈타이너는 그들이 유럽 곳곳에 커다란 불행을 초래할 것이라고 지적했으며, 그 예언은 적중했다. 그리고 슈타이너의 능력을 두려워한 히틀러는 연설할 때마다 슈타이너의 이름을 들먹이며 비난했고, 암살까지 계획할 정도였다고 한다.

DATA
나라 : 현재의 크로아티아
출생-사망 : 1861~1925

(적중 정도 / 전설 정도 / 경이로움 정도 / 능력 정도)

1장 미래를 꿰뚫어 봤던 예언가와 선지자들

서기 2000년대에 사신이 강림!

게다가 슈타이너의 예언은 세계정세에만 한정되지 않았다는 사실이 밝혀졌다. 1923년 "만일 소가 고기를 먹는다면 그 소는 이상해질 것."이라고 예언했는데, 그 말이 정확했다는 것이 2000년대 초에 밝혀진다. 가축의 고기나 뼈 등으로 만들어진 사료를 먹은 소들이 이상 증상을 일으킨 '광우병'을 슈타이너가 지적했던 것이다.

또한, 슈타이너의 미래를 꿰뚫어 보는 능력은 가까운 미래에 한정된 것이 아니었다. 무려 수백 년 앞까지 예언했다. 그리고 "2000년대에 암흑의 사신이 강림하여 인간 세계에 재앙을 초래한다."고 하였다.

▲광우병에 걸린 소. 일본에서는 2000년대에 광우병이 유행하기 시작해, 축산업에 커다란 악영향을 미쳤다.

1장 미래를 꿰뚫어 봤던 예언가와 선지자들

사신(邪神)이란 그리스도교의 악마 사탄의 원형이라고도 할 수 있는 조로아스터교의 악신 아흐리만으로 여겨진다. 모든 악을 관장하는 이 사신이 유럽에서 인간의 육체를 얻어 서기 2000년대에 나타나서는 인간 세계에 커다란 재앙을 초래한다는 것이다.

이 일은 언제 벌어지게 될까? 그리고 육체를 얻은 아흐리만이 도대체 어떠한 재앙을 가져온다는 것일까?

놀라운 미래 예지를 해온 슈타이너의 말인 만큼 경계하지 않을 수 없다.

예언가·선지자 II

칼 E 크라프트

예언의 적중이 비극을 가져온 점성술사

▲ 천재적인 점성술사였던 칼 E 크라프트.

히틀러 암살을 예언하며 나치로…

점성술, 이른바 별점과 관련한 지식은 통계학적인 측면도 가지고 있다. 대학에서 통계학을 공부한 스위스인 칼 E 크라프트는 그 지식을 토대로 독자적인 점성술을 탄생시켰다. 이것이 그의 성공과 비극의 시작이기도 했다.

크라프트는 당시 날로 기세를 더해 가던 나치 독일의 아돌프 히틀러를 점치는 천체 배치도를 작성했다. 그 결과 히틀러가 암살 위기에 놓였음을 알게 됐다. 크라프트는 국가 보안국에 경고를 보냈지만, 당국으로부터 무시당했다. 그런데 그의 예언대로 히틀러 암살 미수 사건이 발생했다. 물론

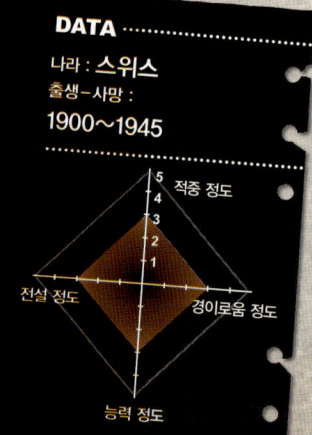

DATA
나라 : 스위스
출생-사망 : 1900~1945

1장 미래를 꿰뚫어 봤던 예언가와 선지자들

그때 히틀러는 무사히 살아남는데, 크라프트는 사건에 관여한 게 아니냐며 용의자로 몰렸다.

다행히 히틀러가 신비한 힘에 심취해 있었던 덕에 크라프트는 국가 전용 점성술사로 채용되었다. 그런데 그에게 주어진 일은 점성술을 이용해 나치 독일에 유리한 점을 치는 일이었다.

그 일이 지겨워진 크라프트는 전쟁을 끝내는 방향으로 점괘 결과를 보고해 갔다. 그 때문에 나치 독일과 생각이 맞지 않아 1945년에 강제 수용소에 보내지고 영양실조로 사망했다.

그를 등용한 곳이 나치 독일이 아니었더라면 크라프트의 천재적인 점성술을 사용한 예지 능력은 올바르게 사용되어 많은 사람을 구했을지도 모르는 일이다.

예언가·선지자

12 윌리엄 릴리

스스로 미래를 예언하여 난을 피한 대점성술사

점성술로 시대를 정확하게 읽어 낸다!

영국의 가난한 소작농 집에서 태어난 릴리는 성직자를 꿈꿨다. 하지만 학비가 없어서 유복한 상인의 비서가 됐다.

상인의 아내가 점성술을 좋아했기에 릴리는 관심을 갖고 점성술의 기본기를 배웠다. 그런데 그녀가 죽고 젊은 여성과 재혼한 상인도 마침내 사망했다. 이 비극은 릴리에게 행운을 가져왔다. 그는 상인이 재혼했던 여성과 결혼하여 회사를 이어받고 유복해졌던 것이다.

▲영국의 대점성술사 윌리엄 릴리.

서른 살이 된 릴리는 일을 하는 한편 점성술사의 제자로 들어가 점성술을 배웠다. 부자였기에 귀한 점성술 서적을 잇달아 사들여 지식을 쌓아 나갔다. 그러던 중 아내가 사망하자 릴리는 회사를 매각하고 마침내 점성술사로서 활약했다.

그 후 점성술 책을 집필하여 베스트셀러가 되었다. 또 1640년부터 시작되는 청교도 혁명의 성공이나 영국의 앞날 등을 점성술로 예언하고 적중시키면서 자신에 대한 평가를 확고하게 했다.

또한, 런던에서 발생한 1665년의 역병 유행과 1666년의 대화재를 예언했으며 그 역시 적중했다. 물론 윌리엄은 서둘러 시골인 서리(Surrey)주로 이사하여 난을 피했다. 그야말로 자신의 정확한 점성술을 직접 체험한 인물이라고 할 수 있을 것이다.

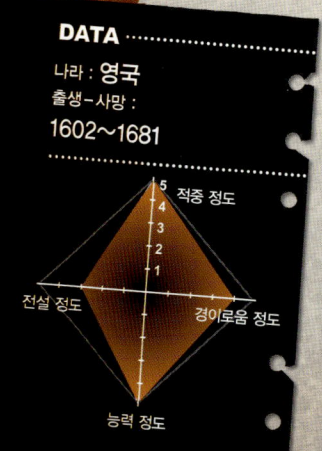

DATA
나라 : 영국
출생-사망 : 1602~1681

(적중 정도 5 / 전설 정도 / 경이로움 정도 / 능력 정도)

예언가·선지자 칼럼

세상을 떠들썩하게 했던 인터넷상의 예언가

원조 인터넷상의 예언가 존 티토(John Titor)

인터넷이 일상이 되면서 인터넷 게시판이나 익명성이 높은 SNS를 통해 전혀 모르는 사람끼리도 교류할 수 있는 시대인 만큼 그에 어울리는 신(新)예언가가 화제가 되는 일이 많아지고 있다. 그들은 자신을 '미래'에서 왔다고 소개하며 현대 사람들에게 "궁금한 게 있으면 답을 해 주겠다."고 한다. 그 선구자로서 커다란 화제를 불러일으킨 사람이 바로 존 티토이다.

1장 미래를 꿰뚫어 봤던 예언가와 선지자들

때는 2000년 10월, 어느 인터넷 게시판에 "2036년에서 현대로 시간 여행을 왔다."는 존 티토라는 인물의 게시글이 갑자기 올라왔다. 티토는 자기가 살고 있는 시대에는 없는 구형 컴퓨터가 필요해서 그것을 구하기 위해 과거로 왔다고 했다. 시간 여행의 증거로 타임머신과 조종 매뉴얼을 찍은 사진을 공개했다. 그리고 미래에 벌어질 일을 알고 있으니 질문에 대답해 주겠다고 적었다.

인터넷 사용자들은 이를 농담으로 생각하고 재미있어 하며 여러 가지 질문을 했다. 그러자 티토가 답했다. 그리고 2001년 3월 티토는 "내 임무는 끝났다."(구형 컴퓨터를 손에 넣었다는 얘길까?)라는 내용을 마지막으로 인터넷 게시판에서 모습을 감췄다.

사람들이 경악한 것은 그 후다. 티토가 질문자에게 답한 내용 중에

"2001년 6월에 페루 연안에서 대지진이 발생한다."는 예언을 시작으로 '2003년 이라크 전쟁 발발', '중국의 유인 우주선 발사 성공', '광우병 발생', '2005년 새 교황 탄생' 등, 수많은 예언이 적중했던 것이다!

티토는 한 사람이 아니다?!

그런데 티토의 예언 중에 빗나간 것도 있다. 예를 들면 "2015년에 세계 전쟁이 발발하여 30억 명이 죽고, 러시아가 미국의 주요 도시에 핵전쟁을 일으킨다."는 것이다.

예언가·선지자 칼럼

하지만 티토는 자신이 사는 미래와 우리가 사는 현대는 시간 축이 다르기 때문에 미래가 꼭 일치하지는 않는다고 말했다.

그리고 최근에 마음에 걸리는 의혹이 생기고 있다. 그것은 바로 '존 티토'가 한 사람이 아니라는 것이다. 즉 서로 다른 시간 축에서 '최초의 티토'와 같은 시간 여행자가 현재를 방문하고 있다고 한다. 그들은 제2, 제3의 '존 티토'로서 '최초의 티토'와 마찬가지로 인터넷 게시판에 나타나 미래를 궁금해하는 질문에 답하고 있다. 또한, 티토와는 별개로 미래에서 왔다고 하는 인물이 티토처럼 미래에 대해 답하고 있다. 현대인인 누군가가 티토를 흉내 내고 있을 뿐이라고도 생각되지만, 티토와 마찬가지로 몇몇 예언을 적중시킨 자도 있다.

2장

고대의 지혜를 탐구하는

마술사와 연금술사들

잃어버린 고대 문명이
쌓아 온 지식을 부활시켜
인간을 초월한 존재를 지향했던 사람들이
바로 마술사와 연금술사이다.

솔로몬

마술사·연금술사 01

솔로몬의 반지로 악마와 천사를 조종하는 왕

왕국에 전성기를 가져온 현명한 왕

이스라엘 왕국을 번영시켜 평화롭고 전쟁이 없는 나라로 이끈 솔로몬 왕. 신을 통해 '큰 지혜'를 받아 백성들에게 절대적인 신뢰를 얻은 현명한 왕으로 알려져 있다. 그의 현명함은 다음과 같은 이야기를 통해서도 회자된다. 어느 날 두 여인이 한 아기를 둘러싸고 '자신이 진짜 엄마'라고 서로 주장하며 왕에게 판단을 구하는데, 왕의 말을 듣고 두 여인은 귀를 의심했다.

▲이스라엘 왕국의 현명한 왕 솔로몬을 그린 그림.

아기를 둘로 갈라 반씩 나눠 가지라고 말했기 때문이다. 한 여인은 그 말에 수긍했는데, 다른 한 여인은 아기를 포기할 테니 반으로 나누지 말아 달라며 눈물로 호소했다. 솔로몬은 그 모습을 보고 아기의 목숨을 살리려 눈물로 호소한 여인이 진짜 엄마라는 판결을 내렸다. 사람들은 그 결정에 감탄하며 왕에 대한 존경심이 더 커졌다고 한다.

신으로부터 받은 마술의 반지

솔로몬에게는 '지혜로운 자'라는 명성도 있었지만 다른 면에서도 유명했다. 그는 천사나 악마를 자유자재로 조종하는 강대한 힘을 지닌 마술사였! 그건 '솔로몬의 반지'라고 불리는 강력한 도구 덕분이었다. 이것은 신이 명령한 예루살렘 신전

DATA

나라 : 이스라엘 왕국
출생~사망 :
기원전 1035?~기원전 925?

◀솔로몬 왕이 강대한 힘을 지닌 악마의 왕을 조종하고 있는 모습을 그린 그림.

건설이 생각만큼 잘 진행되지 않아서 솔로몬이 신에게 도움을 요청하자 신의 명을 받은 대천사가 나타나 내려 준 것이다. 반지에는 천사는 물론이고 악마마저 복종시키는 힘이 있었다.

솔로몬은 그 반지로 돌을 자유자재로 다루는 악마의 수하인 괴충 샤미르를 이용해 마침내 예정대로 예루살렘 신전을 건설하는 데 성공했다.

또한, 이 반지에는 동물이나 식물, 정령 등과 이야기하는 힘도 있었다고 한다.

현대 마술에 커다란 영향을 주었다

솔로몬은 왕으로서도 위대했지만, 마술사로서도 커다란 업적을 남겼는데, 바로 《솔로몬의 열쇠》와 《게티아》라는 마술 안내서 '그리모어'를 집필한 일이다. 《솔로몬의 열쇠》는 2부로 구성되어 있으며, 제1부에는 술자(術者)가 의식을 거행할 때 바닥 등에 그리는 '마법원' 작성 방법과 주문 방법, 그리고 다양한 마술 방법이 기술되어 있다. 제2부에는 마술을 하는 장소와 시간, 마술을 위한 도구를 만드는 방법이 기술되어 있다. 또한, 《게티아》에는 솔로몬이 봉인하여 조종했던 72명의 악마의 이름과 계급, 어떤 마력을 지녔는지 등의 특징, 그리고 소환 방법 등이 기술되어 있다.

솔로몬이 쓴 이 두 권의 그리모어(마법서)는 솔로몬 이후의 모든 마술사들을 매료시켰다. 심지어 솔로몬 사망 후 2000년 이상 지난 근대 마술의 세계에서도 그 연구와 발전에 최대의 영향을 미친 마법서다.

마술사·연금술사 02

멀린

마법사의 원형으로 여겨지는 마술사

▲ 마법사 멀린(오른쪽)과 아서 왕(왼쪽).

전설의 검을 왕에게 하사받다

'마법사'라고 하면 우리는 어떤 모습을 상상할까? 고깔모자와 망토, 그리고 길고 흰 수염과 같은 것을 떠올릴 것이다. 마법사가 이렇게 그려지는 경우가 많은 이유는 멀린이라는 인물 때문이다.

멀린은 지금으로부터 1500년 정도 전에 영국에서 활약했던 것으로 알려진 마술사다. 악마와 인간 사이에서 태어났다고 전해지며 여러 가지 불가사의한 힘을 가지고 있었다.

DATA
나라 : 현재의 영국
출생~사망 :
6세기경?

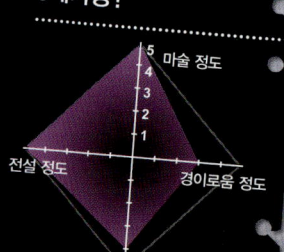

2장 고대의 지혜를 탐구하는 마술사와 연금술사들

그는 각종 전설을 통해 회자되는 존재이다. 그중 가장 널리 알려진 멀린의 이야기에서 그는 영국의 전설적인 영웅 아서왕에게 여러 가지 조언을 했고 신성한 검 '엑스칼리버'를 손에 넣으려는 아서왕을 호수의 요정에게로 안내하기도 했다. 멀린은 왕이 나라를 통일하는 데 지속적으로 힘을 보탰다. 그런데 훗날, 멀린은 요정에게 속아 돌 밑에 산 채로 매장되고 말았다. 멀린이 실제로 존재했는지에 대해서는 확실하지 않지만, 그가 활약했던 시대의 웨일스의 숲에는 메르딘이라는 인물이 있었으며, 여러 가지 능력을 지닌 것으로 알려져 있는데, 메르딘이 바로 멀린이었다는 얘기도 있다.

마술사·연금술사 03

오컬트 마술의 거장

하인리히 코르넬리우스 아그립파

방랑하면서 신비 사상을 연구

'마법진을 사용해 악마를 소환하여 사역을 시켰다.'는 전설로 유명한 중세 유럽의 마술사가 바로 하인리히 코르넬리우스 아그립파이다. 아그립파는 신성 로마 제국의 쾰른대학교에서 온갖 학문을 배우고 8개 국어를 사용할 수 있을 정도로 우수한 학생이었다. 그리고 이탈리아 인문학자의 영향을 받아 '카발라' 연구를 시작한다. 카발라는 신으로부터 유래된 비밀의 지혜로 물질, 주술 등 온갖 분야를 해독하는 유대교의 신비 사상이다.

▲카발라 사상을 마술로 발전시킨 마술사 아그립파.

대학을 졸업한 후에는 나라의 궁정 비서관이 되어 프랑스로 파견을 나가 많은 학자들과 만나면서 다양한 지식을 쌓아 갔다.

그런데 논쟁을 즐기길 좋아하는 성격이었던 탓에 더는 프랑스에 있을 수 없게 되어 다른 곳으로 가는데 그곳에서도 문제를 일으켜 유럽 각국을 방랑하게 됐다.

비록 한곳에 정착하지 못했지만, 아그립파에게 그것은 마이너스가 아니었다. 각지에서 방대한 서적을 접하고 많은 연구자들과 교류하면서 카발라에 대한 이해를 한층 깊이 해 나가게 되었으니 말이다.

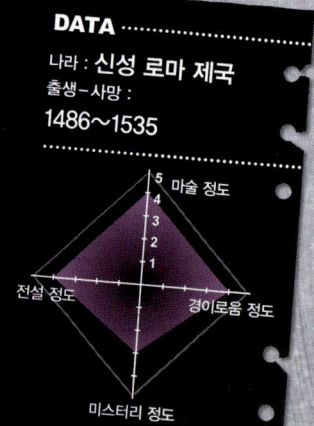

DATA
나라 : 신성 로마 제국
출생~사망 : 1486~1535

카발라를 마술로 발전시키다!

마침내 아그립파는 독일에서 은비학(隱秘學)을 연구하는 은비학자 요하네스 트리테미우스 밑에서 수학한다. 은비란 '오컬트' 즉 신비적인 것, 숨겨진 지식을 말한다.

그리고 트리테미우스가 연구한 카발라 마술의 이론을 이어받아 '자연 마술' '수학적 마술' '의식 마술'이라는 세 가지로 나누어 백과사전 형식으로 정리한 《오컬트 철학》을 저술했다. 이로 인해 카발라는 마술로서 발전했고, 《오컬트 철학》은 당시 마법서의 집대성이 되었다.

이 책의 영향은 매우 커서 뒤에 이어지는 마술 연구에서도 빼놓을 수 없는 것이 되었고, 아그립파는 '오컬트의 거장'이라는 평가를 받게 됐다.

그런데 '괴상한 연구'를 진행했다는 점에서 아그립파에게서는 기묘한 소문이 떠나질 않았다. 글머리에 언급한 '악마를 불러냈다.'고 하는 얘기도 그런 이유에서 탄생된 일화이다. 아그립파가 불러낸 것은 악마뿐만이 아니다. 로마의 정치가 키케로의 영도 마술로 소환하여 시간을 초월한 정치 연설을 들었다고도 한다.

또 다음과 같은 얘기도 있다. 아그립파의 집에 하숙하던 한 청년이 서재에 있는 마법서를 소리 내어 읽었는데, 하필 악마를 불러내는 주문이었다. 갑자기 나타난 악마 때문에 놀란 청년은 그 자리에서 악마에게 죽임을 당하고,

▲로마의 정치가 키케로. 아그립파가 키케로의 영을 불러냈다.

뜻밖의 상황에 곤란해진 아그립파는 마술을 사용해 청년의 사체를 마을까지 걸어가게 하여 거기서 죽은 것처럼 꾸몄다고 한다.

이런 소문은 일일이 셀 수 없을 정도로 많았는데, 모든 소문에 공통점이 있었다. 그것은 아그립파가 항상 커다란 검은 개를 데리고 다녔다는 것이다. 사실 이 개는 악마(심부름꾼)였다고 한다. 그리고 아그립파가 죽기 전까지 충실하게 옆을 지켰다는 얘기도 있다.

마술사·연금술사

04

존 디

엘리자베스 왕조 최대의 마술사

여왕이 신뢰했던 궁정 점성술사

마술이나 점괘 도구로 익숙한 수정 구슬. 이것을 사용해 신의 대변자인 천사를 불러내어 교류하는 방법을 창출해 낸 마술사가 바로 존 디라는 인물이다. 그는 이른바 수정 구슬을 사용한 마술사의 원조라고 할 수 있다.

존 디는 원래 영국 왕실에서 일하던 하급 관료의 자식이었다. 그런데 어렸을 때부터 수재라고 불릴 정도로 학문적인 재능을 발휘하여

▲ 궁정 점성술사 존 디.

수학, 점성술, 신학, 철학, 과학 등 폭넓은 분야의 지식을 두루 익혀 주목을 받았다. 당시 유럽 궁정에서는 점성술사 등의 마술사를 고용하는 게 일반적이었다. 존 디도 영국 왕 에드워드 6세의 부름을 받아 궁정 점성술사가 됐다. 마술사로서 엘리트 코스를 밟기 시작했던 것이다.

그런데 에드워드 6세가 급사하여 메리 1세가 여왕이 되면서 존 디는 투옥되고 말았다. 존 디가 "메리의 수명이 짧아 동생 엘리자베스가 왕위에 오른다."는 점괘를 내놓아 메리의 분노를 샀기 때문이다. 그런데 그 점괘는 맞아떨어졌다. 얼마 지나지 않아 메리가 병으로 쓰러지고 엘리자베스 1세가 새 여왕이 되었던 것이다. 그렇게 해서 존 디는 여왕의 절대적인 신뢰를 얻게 됐다.

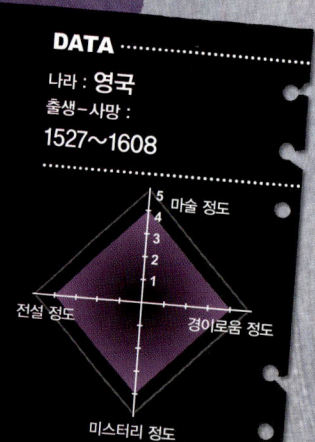

DATA
나라 : **영국**
출생-사망 : 1527~1608

천사의 말을 기록하는 데 성공

존 디는 1580년대부터 마술 연구에 몰두했다. 그리고 수정 구슬을 사용해 천사를 불러내는 마술을 고안했다. 하지만 천사 소환은 존 디 혼자만의 힘으로는 역부족이었기 때문에 강력한 영력을 가진 자가 필요했다. 그래서 존 디는 에드워드 켈리라는 영력을 지닌 젊은이와 함께 망자의 영을 불러내는 실험을 하여 성공한다.

그리고 그 경험을 살려 수정 구슬을 사용해 천사를 불러내는 실험을 시작한 존 디와 켈리는 마침내 4대 천사 중 하나인 우리엘을 소환했다. 존 디는 우리엘이 이야기하는 말을 모두 기록하여 신의 지식을 얻었다.

그런데 전과가 있었던 켈리는 점점 돈벌이나 사기를 치기 위해 자신에게 유리하도록 천사의 말을 전달했고, 올곧은 성격의 존 디는 천사가 저런 얘기를 할까 싶어 고민했다. 켈리가 전하는 천사의 말이 거짓이라고 존 디가

▲존 디를 궁정 점성술사로 중용한 여왕 엘리자베스 1세

▲존 디를 왕실에서 추방한 왕 제임스 1세

2장 고대의 지혜를 탐구하는 마술사와 연금술사들

의심하게 된 것은 자신의 아내를 켈리에게 양보하라는 얘기를 했을 때다. 그렇게 해서 존 디는 켈리와 크게 다퉈 헤어지기로 하고, 성과를 올려 왔던 천사 소환에 관한 연구를 그만뒀다.

존 디의 불운은 이것으로 끝난 것이 아니었다. 존 디를 중용했던 엘리자베스 1세가 69세의 나이로 세상을 떠나면서 제임스 1세가 즉위하는데, 그는 점성술이나 마술을 '좋지 않은 것'으로 여겨 존 디의 왕실 출입을 금지했다. 그래도 존 디는 혼자서 꾸준히 연구를 이어 가지만, 이미 영광은 과거의 것이었다. 영력을 지녔다는 인물을 고용해 봐도 눈부신 결과는 얻을 수 없었고 생활비도 부족해 고생만 하다가 81세의 나이로 사망했다.

그나마 다행스러운 것은 존 디가 천사 우리엘과 교류하며 남긴 기록이 근대 마술사들에게 재평가를 받았다는 점이다. 그의 연구는 결코 헛되지만은 않았다.

마술사·연금술사

05

크리스천 로젠크로이츠

모든 사람들을 행복으로 이끌려고 했던 백마술사

전설의 마술 결사를 창설

'마술'에는 크게 나눠 자신의 욕망을 채우거나 타인에게 재앙을 초래하는 '흑마술'과 타인의 행복을 빌어 기적을 일으키는 '백마술'이 있다. 백마술을 사용해 사람들을 구하는 것을 목적으로 한 마술 결사를 창설한 위대한 마술사가 바로 로젠크로이츠이다.

귀족 가문에서 태어난 로젠크로이츠는 열여섯 살 때 신으로부터 성지 예루살렘으로 가라는

DATA
나라 : 신성 로마 제국
출생~사망 :
1378~1484

제2장 고대의 지혜를 탐구하는 마술사와 연금술사들

계시를 받았다. 여행 도중에 아라비아의 현자들에게 마술의 오의서(奧義書)를 받고 마술을 익히기 시작했다. 조국으로 돌아온 로젠크로이츠는 자신의 평판을 듣고 모여든 제자들과 모든 사람을 행복으로 이끄는 마술을 위한 연구 단체를 설립하고, 초고대에 존재했던 질병 치료법 등을 되살려 많은 사람들에게 기적의 치료를 베풀었다.

로젠크로이츠는 106세까지 살았으며 제자들과 더불어 모임 활동을 계속했다. 그리고 "사후 120년 후에 나는 다시 나타날 것이다."라는 말을 자신의 묘지에 남겼다.

1600년대 로젠크로이츠의 뜻을 이어받아 만민의 행복을 위해 활동하는 '장미십자회'라는 단체가 주목받기 시작했다. 그야말로 로젠크로이츠 사후 120년째 되는 해의 일이었다. 로젠크로이츠가 부활한 것이다. 장미십자회의 활동 이념에 대철학자 데카르트 등 많은 지식인이 공감하며 입단을 지원했다.

하지만 이들의 활동은 비밀의 베일에 감싸여 아무도 그 본부를 찾아내지 못했다고 한다.

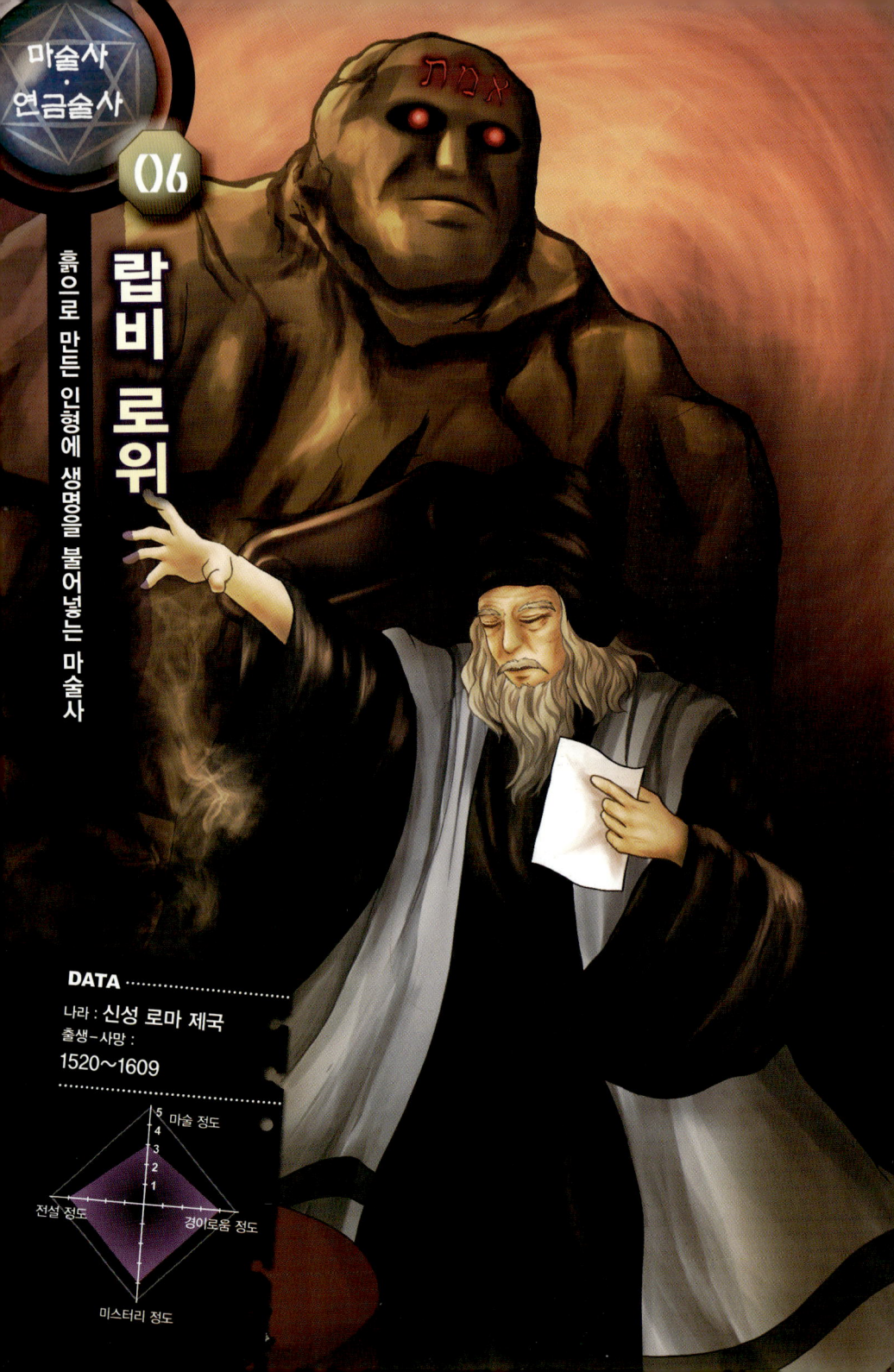

골렘에게 마을 경비를 맡기는데…

16세기 신성 로마 제국의 황제 루돌프 2세는 많은 마술사들을 고용해 그들을 프라하 성 내에 살게 했다. 그런 마술사 중 한 사람이 유대인 랍비 로위이다. 프라하 사람들은 마술사에 대해 불안감을 느꼈는데, 특히 로위와 같은 유대인이 사는 유대인 거주 구역을 경계했다. 위험을 느낀 로위는 유대인 거주 구역에서 혹시라도 모를 폭동이 일어나는 것을 막아야겠다고 생각했다. 그래서 과거에 천사가 로위에게 전해 줬다는 골렘을 탄생시켰다. 골렘은 흙으로 만든 인형에 카발라(72쪽)의 비술로 생명을 불어넣은 인조인간을 말한다. 로위는 자신이 만들어 낸 골렘에게 마을 경비를 맡겼다.

▲골렘을 처음으로 만들어 낸 마술사 랍비 로위.

물론 골렘을 사용하지 않는 시간대에는 주술을 풀어 원래의 흙 인형으로 되돌려 놓았다. 그러던 어느 날 로위는 주술을 푸는 것을 잊은 채 외출하고 말았다.
골렘은 스스로 생각하는 힘이 없기 때문에 그날 밤 제멋대로 날뛰기 시작했고, 프라하의 마을을 파괴하는 바람에 군대가 출동할 정도로 큰 소동이 벌어졌다.
집으로 돌아온 로위는 바로 주술을 풀어 골렘을 흙 인형으로 되돌려 놓았다. 그리고 그 후 자신이 세상을 떠날 때까지 두 번 다시 골렘을 만들지 않았다. 혹시라도 악용하는 자가 나타나지 않을까 두려워해 아무에게도 제조법을 가르쳐 주지 않았다고 한다.

마술사·연금술사
07

엘리파스 레비

근대 마술의 기초를 다진 마술의 아버지

DATA
나라 : 프랑스
출생-사망 :
1810~1875

마술 정도
전설 정도
경이로움 정도
미스터리 정도

성직자에서 마술사의 길로

근대 마술의 기초를 구축해 '마술의 아버지'로 불리는 엘리파스 레비. 신학자에서 완전히 변신하여 마술의 길로 들어선 그가 마술을 연마하게 된 계기는 두 차례에 걸친 실연의 상처 때문이었다.

첫 번째 실연은 스물다섯 살 때로 레비는 사제를 돕는 젊은 부제로서 엘리트 코스를 밟는 성직자였다. 그런데 한 아가씨를 사랑하게 되고 말았다. 성직자는 연애를 할 수 없었기에 레비는 과감히 성직자의 길을 버리고 사랑을 선택했다. 그러나 결국 그의 사랑은 결실을 맺지 못했고, 게다가 아들의 장래를 기대했던 그의 어머니가 자살하는 비극이 벌어졌다.

▲근대 마술의 문을 연 엘리파스 레비.

충격을 받은 레비는 정치 세계에 발을 들였고 정치 운동을 하면서 알게 된 여성과 사랑에 빠져 결혼하지만, 다른 사람과 눈이 맞은 아내는 행방을 감추고 말았다.

세상 모든 것이 싫어진 레비는 정치 운동을 하던 중에 흥미를 가졌던 마술 연구에 무아지경으로 빠져들었다. 그는 괴로웠던 일이 많았던 고향 프랑스를 떠나 마술을 배우기 위해 영국 런던으로 건너갔다.

거기서 레비는 정체불명의 여성으로부터 대규모 강령 실험(영을 불러내는 실험)을 하지 않겠느냐, 필요한 도구는 전부 자기 쪽에서 준비하겠다는 제안을 받았다. 그렇게 해서 레비는 고대의 대마술사 아폴로니우스의 영을 불러내는 데 성공한다.

레비는 몹시 들떠 아폴로니우스에게 헤어진 아내와 관계를 회복할 수 없겠느냐는 질문을 한다. 하지만 아폴로니우스는 레비와 아내의 관계는 이미 회복 불능인 상태라고 답했다. 그래서 레비는 마침내 아내에 대한 미련을 완전히 떨쳐 버릴 수 있게 됐다. 그리고 마술 역사상 가장 유명한 실험의 하나였던 '아폴로니우스의 소환'에 성공해 자신감을 갖게 된 레비는 마술의 비법을 정리하기로 결심했다.

프랑스 마술계의 거인으로 군림

프랑스로 귀국한 레비는 "마술은 자신이 가지고 있는 의지의 힘을 강화하여 컨트롤할 수 있는 '과학'이다."라고 생각했다. 영을 불러내는 현상 등도 역시 인간의 의지로 할 수 있는 것이라고 여겼다.

그런 생각을 바탕으로 레비는 가난한 삶을 견디면서 과거에 잃어버린 의식 마술을 분석하여 한데 정리해 냈다.

그리고 《고급 마법의 교리와 의식》, 《비교철학(秘敎哲學) 전집》 등의 마술 연구서를 잇달아 발표했다. 이러한 일련의 책으로 레비는 유럽 마술계에서 명성을 떨치며 '프랑스 마술계의 거인'으로 절대적 지위를 쌓게 된다.

▲레비가 디자인한 문장. 위쪽이 선, 아래쪽이 악으로 우주 전체를 나타낸다.

▲레비가 그린 '바포메트'의 모습. 의식 마술을 관장하는 악마라고 한다.

2장 고대의 지혜를 탐구하는 마술사와 연금술사들

◀ 시인 아르튀르 랭보는 레비가 쓴 글의 영향을 받았다.

그런데 그 명성에 비해 레비 자신은 여전히 가난했다. 그래서 그는 제자들의 도움으로 살다가 1875년에 65세의 나이로 이 세상을 떠났다.
하지만 레비가 죽고 나서도 그의 영향은 컸다.
그가 남긴 연구 성과는 신비 사상 단체인 '신지학협회'나 유명한 마술 결사인 '황금여명회'로 계승되었고 레비는 마술 부흥의 상징이 되었다.
또한, 레비가 쓴 연구서의 문장은 로맨틱한 표현으로 읽는 사람을 단숨에 마술의 세계로 끌어들이는 매력이 있다. 이것이 아르튀르 랭보나 조르주 바타유와 같은 쟁쟁한 시인, 작가들에게 영감을 주었다고 한다. 따라서 레비는 마술뿐만 아니라 문학계에도 큰 공적을 남겼다고 하겠다.

근대 마술 결사의 원류를 만들다

엘리파스 레비(84쪽)가 진행했던 연구의 영향을 받아 결성된 마술 결사 '황금여명회'. 그 창립자의 한 사람으로 현재의 오컬트 사상이나 신비학으로 이어지는 마술의 흐름을 낳은 공로자가 맥그리거 매더스이다.

젊어서부터 신비한 것에 관심이 많아 독학으로 꾸준히 연구를 했던 매더스는 마침내 본격적으로 마술 결사에 가입했다. 그리고 대영 박물관에 드나들면서 1887년에 《베일 벗은 카발라》라는 마법서를 번역하여 영국 마술계에서 명성을 넓혀 갔다. 이듬해 선배 마술사인 윌리엄 웨스트코트 등과 함께 마술 결사를 설립하는데 그것이 바로 황금여명회이다.

▲마술사 맥그리거 매더스.

이 단체에는 인간을 초월한 존재인 '진정한 수령'이 있으며 유일하게 수령과 소통할 수 있는 웨스트코트가 수령의 지시를 받아 활동을 한다고 했다. 수령은 단체의 신비성을 높여 회원을 끌어모으기 위해 웨스트코트가 만들어 낸 존재라는 얘기도 있었다. 아무튼 그 덕분에 회원은 늘어 갔다. 그리고 얼마 후 웨스트코트는 진정한 수령과의 통신을 중단했다고 발표했고 이로써 단체는 웨스트코트가 지배하는 것으로 여겨졌다.

그런데 마침 그때 매더스가 웨스트코트를 대신해 진정한 수령과 통신할 수 있게 되었다고 발표했다. 그렇게 해서 매더스가 황금여명회의 사실상의 리더가 되었다. 그리고 회원들의 등급을 정비하고 이론이 아닌 실천적인 마술을 도입하는 등 훗날 마술 결사로 이어지는 시스템을 만들어 나갔다.

제자와의 마술 경합

하지만 매더스의 독재가 회원들의 반발을 사 황금여명회는 결국 분열되고 매더스는 단체에서 추방되었다. 그때 바로 새로운 결사인 '알파 오메가'를 결성했다. 화려한 성과는 없었지만 《아브라메린의 신성 마법》이라는 책을 도서관에서 발견하고는 번역하여 높은 평가를 얻었다.
그런데 제자였던 알레이스터 크로울리(92쪽)가 매더스에게 은퇴를 강요했다. 제자가 일으킨 반란이었다. 그렇게 두 사람의 관계가 완전히 끊어지면서 마술 역사상 두 번 다시없는 마술 경합이 시작되었다.

2장 고대의 지혜를 탐구하는 마술사와 연금술사들

먼저 공격한 것은 매더스였다. 《아브라메린의 신성 마법》을 이용해 크로울리에게 마계의 짐승을 보냈다.
그러자 크로울리의 머리 아홉 달린 개가 갑자기 원인 불명으로 죽고 가정부들도 병으로 쓰러졌으며, 게다가 크로울리의 아내가 괴한에게 습격당하는 등 불길한 일이 이어졌다.
크로울리는 그 마술에 대항하기 위해 같은 마법서로 매더스의 짐승보다 훨씬 강한 악마 벨제붑과 그 수하를 소환하여 매더스에게 보냈다. 그 결과 크로울리 주변에서 더 이상 불길한 일은 발생하지 않았다. 매더스가 패배한 것이다.
그 후 매더스는 독감에 걸려 사망했다. 비록 말년이 좋지는 않았지만, 매더스가 남긴 업적은 지금도 마술계에서 빛을 발하고 있다.

마술사·연금술사 09

알레이스터 크로울리

20세기 최대이자 최악의 흑마술사

▲20세기 최대이자 최악의 마술사라고 불렸던 알레이스터 크로울리.

'황금여명회'에서 마술 연구를 시작하다

'마술의 아버지'인 엘리파스 레비(84쪽)가 사망한 그 해, 훗날 그의 환생이라 불리는 마술사가 태어났다. '20세기 최대의 마술사' 알레이스터 크로울리이다. 하지만 그는 '세계 최악의 흑마술사'로 악명을 떨쳤던 인물이기도 하다.

크로울리가 마술 세계에 들어간 것은 열렬한 그리스도교도였던 양친에 대한 반발심에서였다. 엄격하게 키워지는 가운데 그리스도교가 싫어져서 마술에 흥미를 가지게 됐다.

그래서 마술 결사인 황금여명회에 입단하여 맥그리거 매더스(88쪽) 밑에서 수습 마술사가 되었다.

DATA
나라 : 영국
출생~사망 : 1875~1947

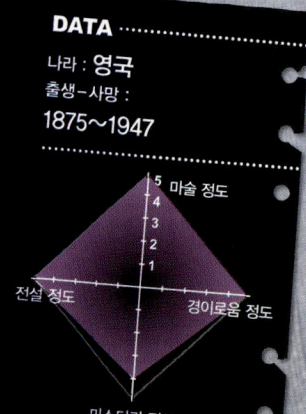

2장 고대의 지혜를 탐구하는 마술사와 연금술사들

그런데 2년 후 황금여명회는 내부 분열이 시작됐다. 신비의 탐구를 위해 들어갔는데 파벌 싸움에 실망한 크로울리는 그 단체에서 나와 독자적으로 마술 연구를 시작했다.

유럽을 떠나 아시아 각국을 돌며 다른 마술사들이 관심을 갖지 않았던 동양의 신비 사상에 관한 지식을 흡수해 갔다. 아무도 하지 않은 독자의 마술을 정리하려고 했던 것이다.

그 후 마술 여행을 마치고 결혼한 크로울리에게 불가사의한 사건이 일어났다. 신혼여행으로 이집트를 방문했을 때 에이와스라고 하는 수호천사가 아내의 입을 빌려 "인류의 의식은 새로운 단계를 맞이하고 있다."는 메시지를 전해 왔던 것이다.

이것이 커다란 전환점이 되었다. 크로울리는 에이와스의 말을 《법의 서》라는 책으로 정리하여 공표했다. 게다가 인류가 새로운 단계에 있다면 그에 어울리는 새로운 마술이 필요하다고 생각했다.

그래서 지금까지 비밀로 해왔던 마술 의식이나 연구 내용을 일반인에게 공개했다. 마술계의 근본적인 개혁에 착수하려고 했던 것이다.

새로운 마술 체계를 구축하려고 했는데…

물론 다른 마술 결사와 마술사들의 반발이 있었지만, 크로울리는 자신의 길을 꿋꿋이 나아갔다. 이탈리아에 '텔레마 사원'을 세워 직접 새로운 마술 체계를 구축하는 데 몰두했다.

그런데 그 방법이 썩 바람직하지 못했던 모양이다. 크로울리의 마술 실험에는 마약 등이 쓰인다는 얘기가 돌면서 세상으로부터 믿을 수 없고 저속하다는 비난을 받게 됐다.

▲크로울리는 독자적인 마술 체계를 구축하려고 했다.

더구나 마술 실험 중에 제자 한 명이 사고로 죽는데 감염증에 걸린 고양이 피를 마신 것이 원인이었다. 이런 불미스러운 일들로 인해 크로울리에게는 '세계 최악의 흑마술사'라는 별명이 붙었다. 세상으로부터 엄청난 비난을 받는 가운데 이해하기 어려운 원인으로 인한 사망 사고까지 더해지자 크로울리는 이탈리아에서 강제 퇴거 명령을 받고

2장 고대의 지혜를 탐구하는 마술사와 연금술사들

쫓겨나는데, 각종 신문 등의 매체가 크로울리의 스캔들을 보도했기 때문에 고향인 영국에서도 그의 입국을 허락하지 않았다. 결국 세계 각지를 방랑하는 신세가 된 크로울리는 빈곤에 허덕이면서도 끝끝내 독자의 마술을 추구하다가 72세의 나이로 인생의 막을 내렸다.

비록 그가 살았던 시대에서는 악명이 높았지만, 최근 크로울리의 수많은 저서를 재평가하자는 의견이 있다고 한다. 어쨌든 한 시대를 풍미한 괴상한 인물임에는 틀림이 없다.

그리고리 라스푸틴

마술사·연금술사 10

마술적 능력으로 권력의 중추에 들어간 괴승

손만 대고도 난치병을 고친다

타고난 그 힘은 마술이었을까? 초능력이었을까? 수수께끼의 능력으로 러시아 로마노프 왕조 때 절대적인 권력을 휘둘렀던 괴승이 바로 그리고리 라스푸틴이다. 농가의 차남으로 태어난 라스푸틴은 어렸을 때부터 말 도둑을 알아맞히거나 미래를 예견하는 등, 뛰어난 마술적 소질을 발휘했다. 청년이 되자 그리스, 터키, 시리아, 예루살렘의 수도원을 걸어서 순례하는 여행에 나선 라스푸틴은 여행을 하면서

▲마술적 능력을 발휘했던 괴승 라스푸틴.

점차 그 불가사의한 능력을 키워 나갔다. 그리고 그 힘은 손만 대도 난치병이 낫는다고 할 정도로 대단했다.

그에 대한 소문을 듣게 된 러시아 황제 니콜라이 2세는 작은 상처에도 출혈이 멈추지 않는 혈우병에 시달리던 황태자의 치료를 위해 라스푸틴을 왕실로 불러들인다. 자리에 누워 병마에 시달리던 황태자는 라스푸틴이 손을 대고 기도를 올리자 자리에서 벌떡 일어날 수 있을 정도로 회복됐다.

이 일을 계기로 라스푸틴은 니콜라이 2세 부부에게 절대적인 신뢰를 얻어 황제 부부의 공적, 사적 상담사 역할을 맡게 되었고, 마침내 나라의 정치를 좌우할

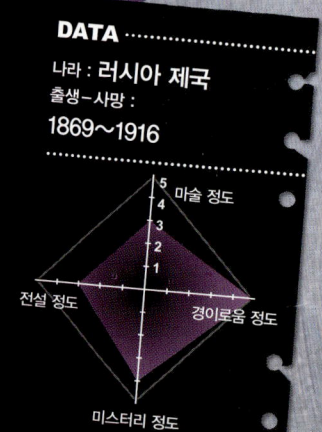

DATA
나라: 러시아 제국
출생–사망: 1869~1916

정도까지 힘을 얻는데, 그 영향력이 너무 커서 '그림자 황제'라고 불릴 정도였다.

자신의 죽음과 왕조의 붕괴를 예언

수상한 마술사가 궁정 내에서 권력을 휘두르는 모습을 좋지 않게 생각하는 사람들도 당연히 생겨났다.

그러던 어느 날 예배당에서 신에게 기도를 올리고 있던 라스푸틴은 갑자기 얼굴이 창백해지더니 "나는 1월 1일 이전에 죽게 될 것이다."라고 자신의 죽음을 예언하고는 이렇게 말을 이어 나갔다.

"죽음을 초래하는 자가 농민이라면 왕조는 무사하겠지만, 귀족이나 황제 일족이라면 왕조는 비참한 최후를 맞게 될 것이다."라고.

그로부터 얼마 지나지 않아 마침내 귀족들이 세운 라스푸틴 암살 계획이 실행되었다.

1916년 12월 17일, 귀족들이 라스푸틴을 저녁 식사에 초대했다. 암살

▲니콜라이 2세와 그 가족. 라스푸틴을 중용했지만, 그가 암살당한 후 혁명에 의해 전원 총살되었다.

계획을 알지 못한 라스푸틴은 식사 자리에서 맹독이 들어간 케이크와 와인을 먹었다. 마침내 암살이 성공했다고 생각한 순간 경악을 금치 못할 일이 벌어졌다. 맹독을 먹은 라스푸틴이 아무렇지 않았기 때문이다. 놀란 귀족들이 허둥대며 라스푸틴의 심장을 향해 총탄을 쏘아 댔지만 그 상황에서도 라스푸틴은 멀쩡하게 자리에서 일어섰다. 공포에 사로잡힌 귀족들은 총탄을 거세게 퍼붓고 은촛대로 머리를 마구 내리쳤다. 그리고 마침내 더 이상 움직이지 않는다는 것을 확인하고는 포승줄로 단단히 묶어 한겨울 강 속으로 라스푸틴의 사체를 던져 넣었다.

며칠 후 라스푸틴의 사체가 강 위로 떠올랐는데 그 검시 결과에 귀족들은 다시 한 번 전율하게 됐다. 포승줄에 묶여 있어야 할 그의 팔은 가슴 부근에서 십자를 그리고 있었고, 게다가 사인은 익사였다. 라스푸틴은 강 속에 던져진 후에도 살아 있었던 것이다!

또한, 그가 사망한 이듬해 그의 예언대로 로마노프 왕조는 러시아 혁명이 일어나 멸망하고 니콜라이 2세 등 황제 일족은 전원 총살되었다.

> 마술사·연금술사 칼럼

시간 여행자인가?
의문의 귀족 생제르맹 백작

시간을 초월한 세계에 사는 남자

18세기 프랑스의 상류 계급 모임에 얼굴을 내민 것을 시작으로 여러 시대에 출현했다는 기록을 남긴 인물이 있다. 바로 생제르맹 백작이다. 시간 여행자라는 얘기도 있고 불로불사라고 여겨지기도 하는 이 인물의 불가사의한 여러 일화를 소개해 보겠다.

생제르맹이라는 이름이 역사에 처음으로 기록된 것은 1710년. 프랑스의 음악가 장 필립 라모의 일기에서다.

라모는 생제르맹에 대해서 "불가사의한 인물로 50세 정도로 보였다. 놀랄 정도로 화제가 풍부하여 시간을 초월한 세계에 사는 듯했다."라고 자신의 일기에 썼다.

그런데 생제르맹이 프랑스 사교계에서

▲ 늙지도 죽지도 않는 수수께끼의 인물, 또는 시간 여행자라고도 불렸던 생제르맹 백작의 초상화.

사람들의 주목을 모으게 되는 것은 무려 50년 후부터다. 라모의 일기가 진실이라면 그때 이미 100세를 넘었다는 얘기가 된다. 하지만 그의 모습은 여전히 50세 전후로 보였다고 한다.

프랑스 상류 사회에서 화려하게 활약

그가 사교계에 데뷔한 계기는 1748년의 일로, 프랑스 국왕 루이 15세가 생제르맹을 만났다는 기록이 있다. 그때 생제르맹은 루이 15세가 가지고 있던 다이아몬드 내부에 흠집이 있는데 자신이 그 흠집을 없애 주겠다며 다이아몬드를 가지고 갔다고 한다. 그리고 한 달 후 루이 15세 앞에 모습을 드러낸 생제르맹의 손에는 가지고 갔던 다이아몬드가 흠집 하나 없는 상태로 반짝거리고 있었다고 한다.

그 일로 루이 15세의 신임을 얻은 생제르맹은 자유롭게 궁정 출입을 하게 되었고 교묘한 말솜씨와 풍부한 지식으로 사교계의 대스타가 되어 갔다.

그리고 그때 그는 사람들에게 기묘한 얘기를 했다.

파티에서도 식사를 하지 않는 그에게 한 귀족이 왜 음식을

▲생제르맹을 신뢰하여 사교계에 불러들인 프랑스 국왕 루이 15세.

> 마술사·연금술사 칼럼

안 먹느냐고 묻자 자신은 특수한 비약을 먹고 있어서 식사가 필요치 않다고 대답했다고 한다.

또 어느 날은 자신이 2000년 이상을 살고 있으며 고대 바빌론의 수도를 여행했다는 얘기, 전설의 마술사 솔로몬(66쪽)과 의견을 주고받았다는 얘기, 예수가 물을 포도주로 바꾸는 기적을 일으켰던 '카나의 혼인 잔치' 자리에 있었다는 얘기 등을 상세하게 말하기도 했다. 그리고 귀족들은 그의 이러한 이야기에 매우 놀랐다.

그런 황당무계한 말을 늘어놓는 그가 거짓말쟁이나 사기꾼이라고 불리지 않았던 이유는 역시 수준 높은 교양 때문이었을 것이다. 그는 프랑스어와 영어는 물론이고 다른 여러 가지 언어를 할 수 있었으며, 음악과 그림 등 예술에 대해서도 조예가 깊어 과거부터 그 시대에 이르기까지 모르는

▲예수가 물을 포도주로 바꾸는 유명한 기적을 일으킨 '카나의 혼인 잔치'를 그린 그림. 이 현장에도 생제르맹은 있었다고 한다.

게 없을 정도로 그야말로 '만능의 인간'이었으니 말이다. 게다가 당시 사람들로서는 상상도 못할 비행기에 대한 얘기도 했었다고 한다.

사후에도 모습을 나타냈다!

생제르맹은 공식적으로는 1784년에 사망한 것으로 알려졌다. 그런데 그 후에도 목격담이 이어졌다.

1789년에 시작된 프랑스 혁명에서는 국왕 루이 16세와 왕비 마리 앙투아네트가 처형당하는 현장에서 생제르맹을 봤다는 증언이 있다(참고로 혁명이 일어나기 전인 1774년 그는 루이 16세와 마리 앙투아네트의 죽음을 예언했다).

프랑스 황제 나폴레옹 1세는 그로부터 두 번 조언을 들었다고 한다. 게다가 놀랍게도 제2차 세계 대전 때는 영국의 처칠 수상에게 나치 독일과의 전쟁과 관련해 조언을 했다는 얘기도 있다.

도대체 생제르맹은 어떤 인물일까? 그리고 앞으로도 또다시 사람들 앞에 모습을 보일까? 어쩌면 다음번에 그를 만나는 사람은 우리 중 누군가가 될지도 모른다!

▲제2차 세계 대전 당시 영국 수상 처칠도 생제르맹에게 조언을 들었다고 한다.

호문쿨루스 제조에 유일하게 성공!

16세기의 위대한 의사이자 연금술사였던 파라켈수스. 그는 연금술사 역사상 처음이자 유일하게 인조 생명체인 호문쿨루스를 만들어 냈다.

호문쿨루스란 연금술에 의해 플라스크 안에서 인공적으로 제조된 미니어처 인간을 말한다. 작다고는 하나 태어나면서부터 이 세상의 모든 지식을 가진 존재라고 한다.

파라켈수스가 의사이면서 이러한 연금술 연구를 행한 데는 물론 이유가 있었다. 연금술을 이해하기 쉽게 말하면 '불완전한 것을 완전하게 바꾸는 기술'이다. 인간의 몸을 예로 들면 건강하지 않은 몸을 건강하게 바꾸는 기술이기도 하다. 즉, 그런 점에서는 병을 치유하는 의술과 공통점이 있다고 할 수 있다. 이런 점에서 보면 의사 파라켈수스가 연금술에 흥미를 품고 그 길에 뛰어든 이유가 납득이 될 것이다.

▲의사이자 연금술 발전의 기초를 구축한 파라켈수스.

방랑 여행을 통해 연금술을 갈고닦다

파라켈수스는 젊은 시절 스위스에서 의학 교수로 초빙될 정도로 우수한 의사였다. 하지만 자존심이 세고 전통과 지식만을 중요하게 여기는 의학계에 반항적인 태도나 언동을 보이게 됐다. 그로 인해 결국 대학에서 추방되어 방랑하는 신세가 됐다.

동서 유럽에서 중동까지 여행을 한 파라켈수스는 실천적인 의료 행위를 하면서 자신의 의술을 갈고닦았다. 병으로 괴로워하는 사람 앞에 불쑥 나타나 기적과도 같은 치료를 해 주고는 또 홀연히 자취를 감췄다는 일화가

수도 없이 많다.
또한, 많은 마술사나 연금술사들과의 교류를 통해 다양한 지식을 익혀 나갔다. 여행을 떠나기 전부터 연구했던 연금술을 더욱 갈고닦았던 것도 이 무렵부터다.
여행하는 틈틈이 파라켈수스가 저술한 방대한 수량의 의술서에는 연금술의 사상이 반영된 것이 대부분이라고 한다.

파라켈수스에 관한 각종 전설

이처럼 파라켈수스는 방랑 생활을 하면서 놀랄 만한 전설을 많이 남겼고, 그 전설들은 사람들의 입에서 입으로 전해졌다.

가난한 농가를 방문했을 때는 난로의 장작을 황금으로 바꿔 그것을 줬다고 한다.

또한, 숲을 걷던 파라켈수스는 우연히 전나무에 봉인된 악마를 만났는데 악마가 갖고 있는 비약을 건네받는 조건으로 악마를 돕겠다고 약속했다. 악마의 봉인을 풀어 비약을 건네받자 곧바로 다시 악마를 전나무에 봉인했다는 얘기도 있다.

글머리에 기술한 호문쿨루스의 제조도 역시 방랑을 하면서 돌아다니던 때 생긴 전설 중 하나다.

나아가 파라켈수스는 연금술사가 추구하는, 어떤 것이든 완전하게 바꾸는 궁극의 물질인 '현자의 돌'을 만들어 내는 데도 성공했다고 한다. 뼛속까지 의사였던 파라켈수스는 현자의 돌을 사용해 불로장수의 비약을 만들었다는 전설도 남아 있다.

하지만 역시 전설은 그저 전설일 수밖에 없는 것일까. 1541년 그는 불가사의한 죽음을 맞고 말았다.

2장 고대의 지혜를 탐구하는 마술사와 연금술사들

마술사·연금술사 12

니콜라스 플라멜

현자의 돌을 얻은 사상 최고의 대연금술사

연금술의 깊은 뜻을 풀어냈다

역사상 가장 존경받는 연금술사로 명성이 높은 인물이 니콜라스 플라멜이다. 그 이유는 그가 연금술의 궁극 물질인 '현자의 돌'을 정제하는 데 성공했기 때문이다.

서점을 운영하던 플라멜은 어느 날 꿈속에 천사가 나타나 그에게 책을 건네주려는 찰나에 눈을 떴다.

▲사상 최고의 연금술사 니콜라스 플라멜.

그로부터 얼마 후 한 여행객이 플라멜을 찾아와 한 권의 책을 내밀었다. 그런데 그것은 틀림없이 플라멜이 꿈에서 본 책이었다.

플라멜은 그 책을 구매해 그 불가사의한 그림들이 무엇을 의미하는지 생각했다. 그리고 지금까지 많은 책을 접해 온 덕분인지 그 그림에 연금술의 오의(어떤 사물이나 현상이 지니고 있는 깊은 뜻)가 기술되어 있음을 알아차렸다.

천사의 꿈과 연금술의 '오의서'와의 운명적인 만남으로 그는 자신에게 그 그림의 의미를 밝히는 사명이 주어졌다고 생각했다. 그러나 그림을 아무리 봐도 해독할 수 없었다. 그래서 그림을 베껴 많은 학자에게 보여 줬지만, 그들 역시 고개를 갸웃거릴 뿐이었다. 그러는 사이 20년이라는 세월이 흘렀다.

플라멜은 어느 날 스페인의 성지로 순례를 떠났다. 그리고 그곳에서 우연히 연금술사인 칸체를 만나게 되는데, 연금술의 비법에 능통했던 그가 불가사의한

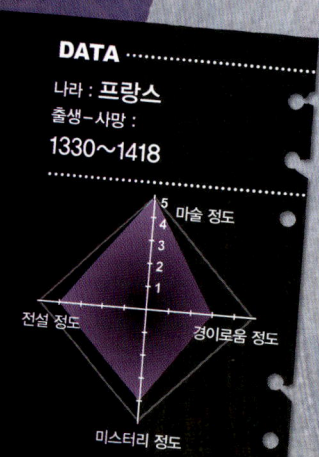

DATA
나라 : 프랑스
출생-사망 : 1330~1418

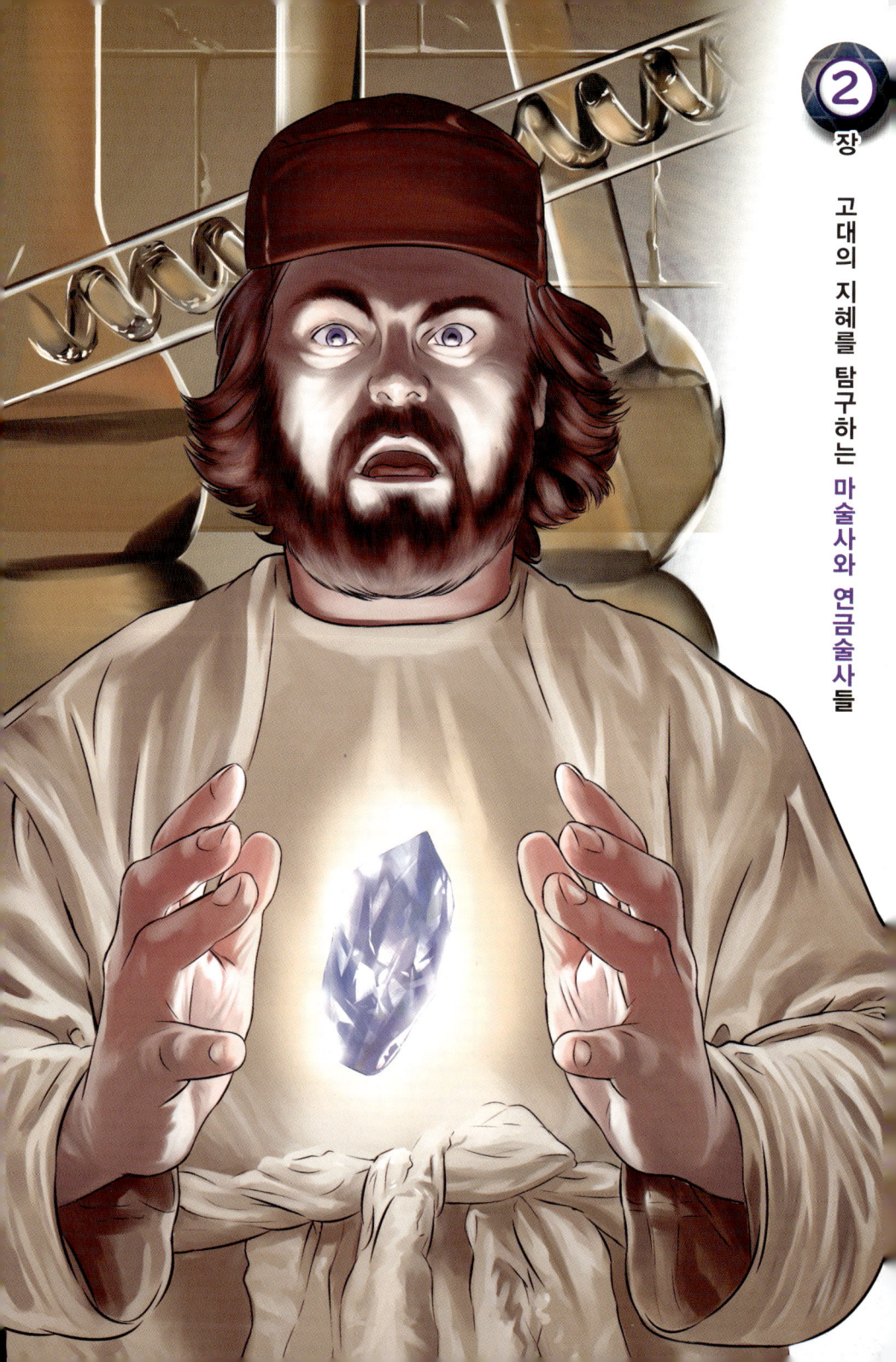

◀ 플라멜이 《아브라함서》를 모사했다고 하는 그림.

그림이 그려진 이 책의 정체는 《아브라함서》라는 사실을 알려 줬다. 플라멜은 칸체의 도움으로 그림의 의미를 차례차례 해독해 나갔다. 그리고 마지막 한 발짝을 남기고 칸체가 사망하는데, 연금술의 지식이 깊어진 플라멜은 혼자서 연구를 이어 나가 연금술의 비법인 현자의 돌에 관한 지식을 해명하는 데 성공했다.

딱 세 번의 황금 정련

그리하여 플라멜은 해독한 비법에 따라 현자의 돌을 정제해 냈다. 그리고 수은 안에 현자의 돌을 넣자 어떤 금속이든 황금으로 바뀌었다(불완전한 금속이 완전한 금속인 황금이 된다.)고 하는 전설 그대로의 결과를 얻었다.

현자의 돌로 황금 정련 실험을 반복하면 엄청난 부를 거머쥘 수 있었겠지만, 플라멜은 딱 세 번밖에 실험을 하지 않았다. 게다가 실험을 통해 얻은 황금은 부부가 아껴서 살 수 있을 만큼만 남기고 나머지는 모두 가난한 사람들에게 나눠 주었다.

사실 연금술의 목적은 부자가 되는 것이 아니다. 자신을 계몽하고 신(완전한 것)에 가까워지는 것이 본래의 목적이다. 욕망을 쫓지 않았던 플라멜이 택한 삶의 방식은 그야말로 연금술사의 본보기라고 할 수 있을 것이다. 또한, 플라멜은 연금술의 비법을 후세의 연금술사들에게 전하기 위해 남은 인생을 책을 집필하는 데 바치다가 88세의 나이로 사망했다.

한편, 현자의 돌로 불로불사의 생명을 얻어 지금도 어디선가 검소하게 살고 있을 것이라는 전설도 남아 있다.

2장

고대의 지혜를 탐구하는 마술사와 연금술사들

마술사·연금술사 13

알레산드로 디 칼리오스트로 백작

희대의 연금술사일까? 의혹의 사기꾼일까?

▲상류 귀족 사교계에서 화려하게 활약했던 칼리오스트로 백작.

절정에서 추락, 격동의 생애를 살다

연금술이나 점성술, 마술 등을 자유자재로 다루어 18세기 유럽 상류 사회에서 커다란 화제를 불러 모았던 칼리오스트로 백작. 그 신비한 힘은 그리스인 연금술사에게 배운 것이라고 하는데, 의사가 포기한 병자를 치유하기도 하고 보석이나 금을 만들어 내기도 하는 등 여러 가지 기적을 일으켰다고 한다.

그중에서도 유명한 것이 당시 프랑스의 왕비 마리 앙투아네트가 남자아이를 출산한다는 것을 맞춘 일이다. 그로 인해 칼리오스트로의 명성은 더욱 드높아졌고, 그에게 조언을 구하고자 하는 귀족들이

DATA
- 나라 : 이탈리아
- 출생~사망 : 1743~1795

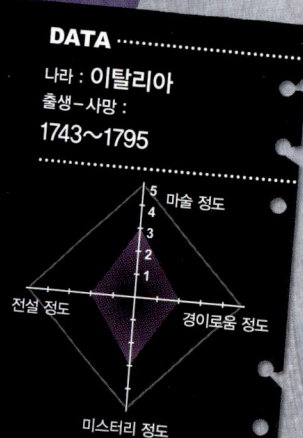

- 마술 정도: 5
- 전설 정도
- 경이로움 정도
- 미스터리 정도

2장 고대의 지혜를 탐구하는 마술사와 연금술사들

연일 몰려들었다.

하지만 영광을 드높여 가던 칼리오스트로의 운명은 스캔들로 인해 바닥으로 추락한다. 자신을 마리 앙투아네트의 친구라고 말하는 여자가 보석상을 속여 고액의 목걸이를 가로챈 '목걸이 사건' 때문이다. 칼리오스트로는 이 사건의 공모자로 의심받았다.

결국 증거 불충분으로 풀려났지만 사기꾼으로 몰리자 나라를 떠나 방랑 생활을 했고, 로마로 가서 정착했다. 그곳에서 비밀 결사 단체의 활동을 시작하자마자 그런 활동을 금지한 로마 교황청에 체포되어 재판 결과 종신형을 받고 옥중에서 사망했다.

훗날 칼리오스트로의 정체에 대해서 교묘한 화술로 감쪽같이 사람을 속이는 악당이었다는 주장이 있었다. 하지만 감옥에서 죽은 후에도 그의 모습을 보았다는 사람이 끊이지 않아 마술사였을 가능성 역시 버리기는 어렵다.

마술사·연금술사 14

헤르메스 트리스메기스투스

반신반인으로 여겨진 연금술의 시조

고대 이집트에서 연금술을 탄생시키다

연금술은 지금으로부터 2000년 이상 전에 이집트의 마술사 헤르메스 트리스메기스투스에 의해 시작되었다고 한다. 그는 반신반인의 신비한 존재로 여겨진다. 하지만 그 정체에 대해서는 밝혀지지 않은 것이 많아 그리스 신화에 등장하는 헤르메스 신과 이집트 신화의 토트 신이 동일시된 것이라는

▲전설적 마술사 헤르메스 트리스메기스투스.

설, 초고대 문명으로 여겨지는 전설의 도시 아틀란티스를 다스렸던 왕이라는 등의 다양한 설이 있다.

또한, 그는 신의 뛰어난 지혜에 가장 근접했던 자로 여겨지고 있으며, 연금술사나 마술사들은 그의 경지에 도달하는 것을 목표로 연구와 실험을 이어 갔다. 이른바 궁극의 목표로 여겨졌던 셈이다. 헤르메스 트리스메기스투스는 고대의 신비 사상의 바탕이 된《헤르메스 문서》나 연금술의 오의가 기록된《에메랄드 서판》을 만든 것으로 여겨진다. 특히《헤르메스 문서》는 중세 유럽의 연금술사나 마술사 사이에서는《성서》와 마찬가지로 중요하게 여겨졌을 정도다. 그가 실제로 존재했는지 전설상의 인물인지는 알 수 없다. 하지만 연금술이나 마술의 세계에 커다란 영향을 미쳤다는 것만은 틀림이 없을 것이다.

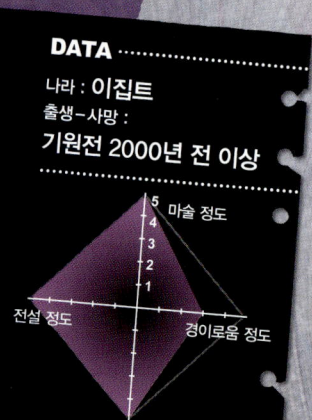

DATA
나라 : 이집트
출생~사망 : 기원전 2000년 전 이상

> 마술사·연금술사 칼럼

근대 과학의 아버지 뉴턴은 연금술사였다!

연금술의 지식을 과학에 활용한 뉴턴

과학자 아이작 뉴턴은 만유인력의 발견이나 운동의 세 가지 법칙의 확립, 고등 숫자의 기초가 되는 이항 정리 등 수많은 업적을 남겨 근대 과학의 기초를 세운 인물이다.

하지만 뉴턴은 과학상의 중대한 발견에 대해서 친구에게 연금술의 지혜를 빌렸다고 고백했다고 전해진다. 그렇다. 뉴턴은 연금술사이기도 했다. 다만, 이것은 뉴턴이 활약했던 17~18세기경에는 놀라운 일이 아니었다. 당시는 아직 중세 시대의 지식이 많이 남아 있었으며, 연금술이나 마술과 최신 자연 과학에는 명확한 구분이 없었던 것이다. 또한, 연금술의 연구 성과가 자연 과학의 기초가 되었던 측면도 있다.

그래서 뉴턴에게 연금술은 수상한 지식이나 미신과 같은 것이라는 생각은 없었을 것이다. 게다가 뉴턴은 인생 후반기부터 연금술

▲근대 과학의 문을 연 대과학자 아이작 뉴턴.

▲뉴턴이 남긴 방대한 양의 원고 중 일부. 연금술에 관련된 내용이 많다.

연구에 본격적으로 뛰어들기 시작했다. 즉 자연 과학에서 커다란 업적을 남긴 후 본격적으로 연금술사가 되어 갔던 것이다. 그것을 증명하듯이 뉴턴이 남긴 방대한 연구 논문이나 직접 쓴 원고 중에는 1676~1696년에 행한 연금술 실험 기록이나 논문이 발견되고 있다. 또한, 뉴턴이 소장한 책들 중에 코르넬리우스 아그립파(72쪽)나 파라켈수스(104쪽) 등 연금술사의 책도 100권 이상이었다.

《성서》 연구자로서의 측면도 있었다

뉴턴이 가진 의외의 모습을 하나 더 소개하자면, 그는 《성서》 연구자이기도 했다. 다만, 종교 연구자와는 달리 지적 호기심을 채우기 위해 《성서》를 과학적으로 해명하고자 했던 것 같다.
특히 종말 예언 등에 큰 관심을 가지고 있었는지 글자를 숫자에 적용하는 등의 독창적인 연구를 실시했다. 또한, 이 방법으로 '요한 계시록'(44쪽)에 예언된 종말이 찾아오는 시기를 2060년 이후라고 계산했다. 여하튼 그 계산이 맞아떨어지지 않기를 간절히 바랄 뿐이다.

마술사·연금술사

15

서복

불로불사의 약을 찾아다녔던 전설적 방사

시황제의 명으로 일본을 방문?

중국에서 사상 최초로 전 국토를 통일한 진나라 시황제는 불로장생의 영약을 얻고자 애썼다. 그 약을 찾는 사명을 받은 사람이 서복이다. 서복은 방사였기 때문에 이 임무의 적임자였다.

방사(方士)는 의술이나 점술을 행하며, 그들의 궁극적인 목표는 불로불사의 신선이 되는 것으로, 이른바 동양의 연금술사라고 할 수 있다.

서복은 시황제가 내린 막대한 자금과 수천 명의 젊은 남녀와 기술자를 데리고 발해에 있다고 하는 봉래산, 방장산, 영주산으로 이루어진 이른바 '삼신산(三神山)'에 사는 신선에게서 불로불사의 영약을 얻기 위해 여행을 떠났다. 그런데 서복 일행이 다시 진나라로 되돌아오는 일은 없었다.

▲방사 서복. 사진 속 동상은 그가 방문했다는 일본 와카야마현에 있다.

그렇다면 그는 어디로 사라진 것일까?

여러 가지 얘기가 있지만, 그중 하나로 '동해에 광대한 영지를 얻어 나라를 세우고 오래도록 왕으로 군림했다.'는 얘기가 있다.

서복은 불로불사의 영약을 손에 넣지 못해 돌아가고 싶어도 갈 수 없어서 새로운 땅에 정착했던 것일까? 아니면 처음부터 시황제를 속여 새로운 세계를 찾아갔던 것일까?

DATA
나라 : 진나라
출생-사망 :
기원전 3세기경

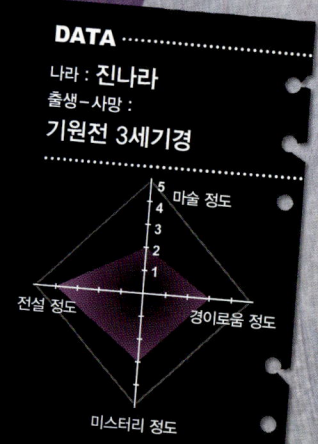

마술사·연금술사

16 엔노 오즈누

귀신을 복종시키고 주술의 힘으로 신을 속박하는 대주술자

▲ 강력한 주술자이자 수험도의 창시자로 알려진 엔노 오즈누.

신마저 봉인해 버리는 놀라운 주술

일본의 주술자로 수험도(修驗道: 일본의 원시적인 산악 신앙과 밀교가 혼합된 것)의 창시자라고 불리는 엔노 오즈누. 그는 많은 일화를 남긴 전설적인 초인이다. 오즈누는 634년 야마토노쿠니(지금의 나라현)에서 '영능력'을 가지고 있었다는 한 여성에게서 태어났다. 그 능력을 다분히 이어받았는지 오즈누는 어렸을 때부터 불가사의한 일화를 남겼다. 예를 들면 태어나기 직전에는 아름다운 음색과 향기가 온 방 안에 가득했다. 또, 태어나자마자 바로 말을 했다고 한다. 소스라치게 놀란 어머니가 오즈누를 산속에 버렸지만 쇠약해지지도 않고 비에

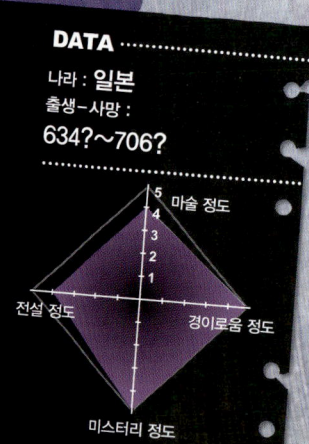

DATA
나라 : 일본
출생~사망 :
634?~706?

2장 고대의 지혜를 탐구하는 마술사와 연금술사들

젖는 일도 없었으며, 게다가 들개 같은 짐승에 습격당하는 일도 없었다. 그러자 그의 어머니는 자신의 행동을 반성하고 오즈누를 다시 데려다 키웠다. 그리고 소년 시절부터 산에서 수행을 시작해 30년 만에 인도에서 전해졌다는 밀교의 비법을 익히더니 회춘이나 공중 비행 등의 놀랄 만한 힘을 얻었다. 이 비법에는 귀신들을 부리게 하는 힘도 있었다. 어느 날 그는 수행하는 장소인 두 개의 산 사이에 다리를 놓으려고 항상 옆에서 따르는 전귀(前鬼)와 후귀(後鬼)라는 귀신에게 여러 나라의 귀신과 텐구(일본 전국의 깊은 산골에 살면서 마계를 지배하는 요괴의 일종)를 불러 모으도록 했다.

그런데 산신인 히토코토누시카미(一言主神)가 자신의 얼굴이 추하다는 것을 이유로 낮에 일하는 것을 싫어했다. 이에 화가 난 오즈누는 주술의 힘으로 히토코토누시카미를 깊은 계곡 속에 가둬 버린다. 오즈누는 굉장한 힘을 가진 신마저도 봉인할 수 있을 정도의 힘을 가지고 있었던 것이다!

일본 전역에 수험도의 수행 장소를 마련하다

인간이면서 무시무시한 힘을 가진 오즈누의 존재는 당시의 권력자들을 자극했다. 산속에서 그가 수행하며 했던 활동이 혹시라도 정치적인 것이 되지 않을까 두려웠던 조정은 오즈누를 붙잡기 위해 군대를 파견했다. 하지만 활의 명수가 활을 쏘면 활이 되돌아오고, 칼의 명수가 칼을 휘두르면 모습을 감추는 등 허공을 날아다니고 불가사의한 주술을 사용하는 오즈누에게 병사들이 된통 당했다. 어쩔 도리가 없었던 조정은 오즈누의 어머니를 인질로 삼았고, 어머니를 끔찍이 생각했던 오즈누는 스스로 조정에 체포되어 이즈오섬으로 유배를 갔다.
하지만 오즈누는 온갖 주술을 사용할 수 있는 주술사였다. 낮에는 죄인으로서 얌전히 관리의 명령을 따랐으나 밤이 되면 몰래 하늘을 날아 섬을 빠져나갔다. 그리고 후지산까지 날아가서는 산 주변이나 동굴에 들어가 수행하다가 아침이 되면 다시 이즈오섬으로 되돌아갔다.
오즈누의 수행 장소는 후지산뿐만이 아니었다. 오즈누와 인연이 깊은 영산은 홋카이도와 오키나와를 제외한 일본 전역에 걸쳐 무려 40군데 이상이나 된다. 이러한 점에서 오즈누는 일본 각지의 영산을 영적인 네트워크로 연결했다고 전해지고 있다.
조정은 그러한 사실을 모른 채 3년 후 오즈누를 석방하고 수도로 불러들였다. 하지만 오즈누는 그에 응하지 않고 과거 수행을 했던 산들을 한 차례 싹 돌았다. 자신을 따르던 전귀와 후귀에게 이별을 고한 후 어머니를 모시고 오색으로 빛나는 구름을 타고 먼 하늘 위로 사라졌다고 한다.
그 후, 오즈누의 행방을 누구도 알 수 없었다.
또한, 오즈누가 창시했다는 수험도는 산에서 엄격한 수행을 거쳐 깨달음을 얻는 것을 목적으로 하고 있다. 그것은 현재도 계속 이어지고 있으며 많은 수행자들이 오즈누를 창시자로 생각하며 존경하고 오즈누를 롤모델로 수행을 이어 가고 있다고 한다.

◀홍법대사(弘法大師)라는 이름으로도 알려진 구카이. 현대인에게도 널리 숭배되고 있다.

다양한 법력 전설을 지닌 수수께끼의 인물

홍법대사(弘法大師)라는 이름으로도 알려진 진언종의 창시자인 구카이(空海)는 일본 불교계에 커다란 영향을 남겼으며 동시에 여러 가지 전설적인 일화를 남긴 불교계의 슈퍼스타이다.

그가 수행의 본거지로 삼았던 곳은 고야산(와카야마현 소재). 이 장소를 선택한 이유는 당(중국)에 수행하러 유학했을 때로 거슬러 올라간다. 구카이는 귀국 전, 해변에서 '자신의 가르침을 널리 전파하기에 적합한 장소에 떨어뜨리자.'고 하여 법구(法具: 불교 의식에서 쓰이는 기구)를 하늘을 향해 던졌다. 그리고 귀국하여 10년 후 구카이가 고야산을 방문했을 때 이전에 자신이 던진 법구를 발견했다고 한다.

구카이가 남긴 전설 중에서도 가장 유명한 것으로 824년 슈빈(守敏)이라는 승려와 누가 법력으로 비를 내릴 수 있을지를 경쟁했던 것을 들 수 있다. 바로 기우 대결인데, 슈빈은 온갖 물의 신을 병 안에 봉인하여 구카이가 법력으로 비를 내리지 못하게 방해했다. 하지만 이를 알아차린 구카이는 인도에서 선녀 용왕을 소환해 그 힘으로 비를 내리게 했다고 한다. 일본 국내뿐 아니라 멀리 인도에서조차 신을 불러낼 수 있었다는 것은 구카이의 무시무시한 법력을 보여 주는 일화라고 할 수 있다.

구카이는 그 후 835년에 사망했는데 인간의 생사를 뛰어넘는 존재가 되었다고 한다.

2장 고대의 지혜를 탐구하는 마술사와 연금술사들

마술사·연금술사 18

아베노 세이메이

헤이안 시대의 수도를 지켰던 위대한 음양사

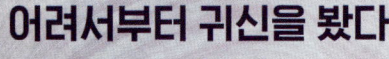

어려서부터 귀신을 봤다

헤이안 시대(794년~1185년)에 정치 기관 중 하나로 '음양료(陰陽寮)'라는 부서가 있었다. 음양도라는 주술로 점을 치거나 천문 관측 등을 실시하는 기관으로 그곳에서 일하는 사람을 음양사라고 부른다.

아베노 세이메이(安倍晴明)는 음양료에서 활약했던 음양사를 대표하는 인물이다. 천문박사로서 천체의 운행이나 기상 관측을 통해 점치는 것이

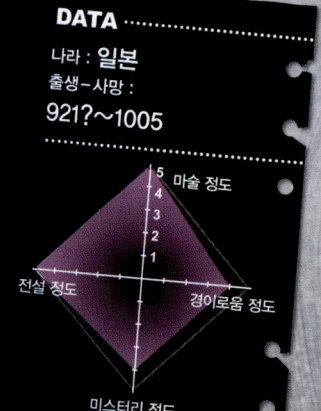

DATA
나라 : 일본
출생~사망 :
921?~1005

2장 고대의 지혜를 탐구하는 마술사와 연금술사들

전문이었는데, 기우제와 같은 의식이나 주술 등 음양사가 행하는 모든 일에 탁월했다. 현대에도 명성을 떨칠 만큼 그의 인생에는 전설적인 일화가 많다. 예를 들면 세이메이의 어머니는 이즈미국(지금의 오사카부)의 숲에 사는 여우 귀신이었다고 한다. 어느 날 아베노 야스나라는 귀족이 이 여우 귀신의 목숨을 구하게 되었고, 여우 귀신은 은혜를 갚고자 아름다운 여인으로 둔갑하여 야스나를 찾아갔다. 그리고 야스나와 여우 귀신 사이에서 태어난 것이 세이메이라고 한다.

그는 어머니로부터 영력을 물려받았다. 그래서인지 어렸을 적부터 새의 울음소리를 들으면 그들이 무엇을 말하고 있는지 이해하는 등 신통력을 발휘했다.

그 후 세이메이는 음양사인 가모노 다다유키의 제자가 되어 음양사의 길을 걷게 됐다. 수행 시절 다다유키를 따라다닐 때면 보통 사람들에게는 보이지 않는 귀신이나 요괴의 행렬을 다다유키보다 먼저 알아차렸다고 한다.

그 일로 다다유키는 어린 세이메이가 음양사로서의 범상치 않은 재능을 타고났음을 알고 자신이 가진 음양도의 전부를 세이메이에게 전수하기로 결심했다.

시키가미(式神)를 마음대로 다루었다

헤이안 시대의 권력자 후지와라노 미치나가가 어느 날 절의 문턱을 넘으려는데 키우던 개가 옷소매를 물고 늘어지면서 놓지를 않자 이상하게 생각하고 세이메이를 불러 무슨 일인지를 물었다. 그러자 세이메이는 절 안에 미치나가에게 저주를 내리는 장치가 숨겨져 있는데 만일 문을 넘었다면 저주를 받았을 것이라고 말했다.

미치나가가 누구의 소행인지 알아내라고 하자 세이메이는 주머니에서 한 장의 종이를 꺼내 주문을 외었다. 그러자 종이가 순식간에 백로의 모습으로 바뀌어 하늘로 날아가더니 범인의 집 지붕에서 멈췄다. 때마침 범인은 미치나가에게 저주를 내리려던 참이었다. 그렇게 해서 현장을 들킨 범인은 결국 섬으로 유배를 가게 됐다.

▲교토시에 위치한 세이메이 신사의 아베노 세이메이 동상. 세이메이는 헤이안 시대 최고의 음양사이다.

세이메이가 종이를 백로로 바꾸는 주술은 '시키가미(式神: 음양사가 이르는 대로 조화를 부린다는 신령)'라고 불리는 것으로, 여러 형태로 모습을 바꿔 주인이 시키는 대로 움직인다. 이 주술은 세이메이가 가지고 있는 재주 중에서도 특히나 뛰어난 것이다.

죽음에서 살아 돌아오다!

세이메이의 전설적 일화 중에서도 가장 놀라운 것이 사후에 부활한 얘기일 것이다. 그는 경쟁자였던 음양사와의 싸움에서 패배해 목이 베여 죽는다. 과거 세이메이가 중국에서 수행했을 때 그의 스승이었던 신선은 세이메이가 패배하여 죽었다는 것을 감지했다. 그리고 일본으로 건너와서는 세이메이의 유골을 모아 '생활속명지법(生活續命之法)'이라는 비술을 행했다. 그러자 놀랍게도 세이메이가 부활했다. 물론 이 비술로 누구나 다 살아 돌아오는 것은 아니다. 이는 세이메이의 영력이 유골에서도 부활할 수 있을 정도로 강했다는 것이다. 또한, 이렇게 부활한 세이메이는 경쟁 상대인 음양사와 또다시 싸워 승리했다고 한다.

> 마술사·연금술사 칼럼

아직 더 있다! 일본의 신비한 능력자들

망자를 되살리려고 했던 시인 사이교

《햐쿠닌잇슈(百人一首: 백 명의 가인(歌人)의 시를 한 수씩 뽑아 모은 것)》에도 그 노래가 남아 있는 헤이안 시대의 가인 사이교. 승려로서 수행을 위해 일본 각지를 여행하면서 많은 시를 읊었던 문화인인데, 어느 날 그가 터무니없는 일을 벌이고 말았다. 귀신을 만들어 내는 사건을 일으키고 말았던 것이다.

그 사건은 사이교가 고야산에서 수행을 하고 있었을 때의 일이었다. 왠지 외롭기도 하고 따분하던 참에 들판에 나뒹구는 해골을 보고는 망자를 되살리려는 생각을 했다.

이것은 '반혼술(反魂術)'이라는 것으로, 뼈를 머리에서부터 발끝까지 잘 나열한 후 뼈에 비약을 바르고 식물 덩굴로 연결한다. 그런 다음 향을 피워 27일간 그대로 두면 뼈에 살이 붙으면서 망자가 부활하는 것이다.

그런데 어설픈 지식으로 술을 행해서인지 사이교가 되살린 자는 얼빠진 표정을 짓는 사람의 모습을 한

▲헤이안 시대의 가인이자 승려였던 사이교. 수행 시에 '반혼술'을 행했다고 한다.

귀신이었다. 결과에 실망한 사이교는 승려였기에 차마 귀신을 죽이지는 못하고 고야산 깊숙한 곳에 버리고 말았다고 한다.

지옥을 왕래했다는 문인 오노노 다카무라

오노노 다카무라는 헤이안 시대의 관료다. 사이교와 마찬가지로 《햐쿠닌잇슈》에도 그의 시가 실릴 정도로 유명한 가인인 데다 학자이면서 무예도 뛰어난 다재다능한 인물이었다. 그런 한편 어떤 것에도 구애받지 않는 자유로운 성격이라 '야광(野狂)'이라고도 불렸다.

그런 다카무라의 전설 가운데 놀랄 만한 것이 그가 인간의 몸으로 밤마다 지옥을 왕래했다고 하는 것이다. 그렇다. 아침에는 조정에 나가 일을 하고 밤이면 염라대왕의 일을 도왔다고 한다.

그 소문은 다카무라의 은인의 죽음에서 비롯됐다. 과거 다카무라가 죄를 지었을 때 자신을 변호해 줬던 상사가 중병으로 사망했는데 다카무라가 염라대왕에게 도와 달라고 부탁하자 그 상사가 되살아났고. 이 불가사의한 사건으로 다카무라가 신비한 힘을 가지고 있었던 게 아닐까 하는 얘기가 퍼지게 되었다.

▲헤이안 시대의 관료. 오노노 다카무라는 지옥을 왕래했다고 전해진다.

마술사·연금술사 칼럼

전국 무장을 현혹했던 환술사 가신 고지

무로마치 시대(1336년~1573년) 말기에 현실에서는 일어날 수 없는 일을 하거나 환상을 보여 주는 등의 '환술'로 많은 전국 무장을 놀라게 하고 혼란스럽게 했던 환술사가 있었다. 바로 '가신 고지'라는 인물이다. 그는 야마토국(지금의 나라현)에 위치한 고후쿠지(興福寺)라는 절의 승려였는데 환술을 배웠다는 이유로 파문되었다. 그 후 가신 고지의 환술이 화제가 되자 일본 통일을 꿈꿨던 무장인 오다 노부나가가 그를 불러 지극히 칭찬했다. 또, 오다 노부나가의 수하였던 아케치 미쓰히데의 술잔치에 초대받아 갔을 때는 '비와코'라는 호수가 그려진 병풍에서 물이 넘치는 환술을 보여 주기도 했다.

또한, 저택에 용을 출현시키기도 하고 무장이었던 마쓰나가 히사히데에게 죽은 아내를 보여 주어 놀라게 하는 등, 마치 마술사가 악마나 망자를 불러내는 것 같은 일까지 할 수 있었다.

게다가 도요토미 히데요시의 부름을 받고 갔을 때는 히데요시 본인이 아니고서는 알 수 없는 과거의 일을 얘기하는 바람에 불쾌해진 히데요시가 가신 고지를 포승줄로 묶어 처형하려고 했다. 그 순간 가신 고지는 쥐로 변신하여 포승줄을 빠져나가더니 하늘에서 내려온 새를 타고 사라져 버렸다. 그리고 그 후의 행방은 알려진 바가 없다.

3장
인간을 초월하는 힘을 발휘하는
초능력자들

초능력은 과연 원래부터
인간에게 내재된 가능성일까?
과학의 상식을 뒤엎는 초능력자의
놀라운 능력을 살펴보자!

초능력자

01 다니엘 던글라스 홈

물리학자도 인정한 위대한 초능력자

트릭 없는 공중 부양 능력!

1871년 물리학자 윌리엄 크룩스는 충격적인 광경을 목격했다. 눈앞에서 한 남자가 손 하나 대지 않고 테이블을 옮기더니 악기까지 연주해 내는 것이 아닌가. 테이블도 악기도 크룩스가 준비한 것으로 그 남자가 트릭을 사용했을 만한 여지는 없었다. 게다가 그의 몸이 공중에 붕 뜨더니 자유자재로 움직이기 시작했다! 크룩스는 남자의 초능력이 진짜인지 트릭인지를 조사하기 위해 실험 협조를 의뢰했던 것이다. 실험은 이때부터 수개월에 걸쳐 다양한 조건에서 이루어졌다. 하지만 모든 실험에서 트릭으로 의심할 만한 요소는 없었다. 같은 해 7월 크룩스는 과학지에 실험 리포트를 써내고 더불어 학회에서 발표했는데 다음과 같이 결론을 내렸다. "믿기 어렵지만, 인정하지 않을 수 없다."라고. 이성적인 물리학자조차도 인정한 그 남자의 이름은 다니엘 던글라스 홈. 영국을 대표하는 위대한 초능력자이다.

▲ 공중 부양과 '텔레키네시스' 능력자 다니엘 던글라스 홈.

정령들의 힘이 능력의 정체일까?

홈이 자신의 능력에 눈을 뜬 것은 고국 영국에서 미국으로 건너간 열일곱 살 무렵이다. 어느 날 갑자기

DATA
나라 : 영국
출생-사망 : 1833~1886

능력 정도 5/4/3/2/1
전설 정도
경이로움 정도
충격 정도

집 안의 가구와 식기가 제멋대로 움직이기 시작했는데, 마침내 스스로 그 움직임을 제어할 수 있게 됐다.

때마침 미국에서는 심령 현상 붐이 한창이었다. 당연히 홈의 텔레키네시스(손을 사용하지 않고 물체를 이동하는 능력)는 사람들의 이목을 끌었다. 1852년 열아홉의 홈은 비단 상인의 저택에서 열린 강령회(불가사의한 현상을 일으키는 모임)에 초대되어 참석하게 되었는데, 그때 갑자기 홈의 머리가 천정에 닿을 정도로 그의 몸이 붕 떠올랐다. 그러자 주변 사람들뿐 아니라 홈 자신도 무척 놀랐다.

▶ 홈의 공중 부양을 목격한 황제 나폴레옹 3세.

3장 인간을 초월하는 힘을 발휘하는 초능력자들

그 일을 계기로 홈은 공중 부양 능력을 갈고닦았다. 자신의 의지로 공중에 뜨는 것은 물론이고 지상 24m 높이의 건물 창문을 통해 밖으로 나갔다가 옆집 창문을 통해 들어오거나 위를 보고 누운 자세로 공중에 뜨는 등의 기술을 익혔다. 홈은 많은 사람들 앞에서 공중 부양을 선보였고 그때마다 화제가 커져 갔다. 마침내는 프랑스 황제 나폴레옹 3세까지 그의 능력에 매료되었다.

물론 트릭이라고 의심하는 사람도 끊이지 않았다. 그래서 눈에 안 보일 정도의 가느다란 실로 공중에 뜨는 트릭을 사용했을 거라고 생각하는 사람들 앞에서는 매우 밝은 곳에서 공중 부양을 했다.

마침내 크룩스의 과학 실험을 통해 의심의 여지가 사라졌다. 하지만 초능력의 정체는 결국 밝혀내지 못했다. 이에 대해서 홈은 이렇게 말했다. "정령들이 나와 물체를 들어 올려 주는 것"이라고.

그런데 이 얘기로 모든 것을 납득하기란 어렵다. 도대체 정령이란 무엇을 말하는 것일까? 왜 홈의 뜻대로 움직이는 것일까? 그가 없는 지금 이 질문들 대한 답은 알 수가 없다.

초능력자 02

니나 쿨라지나

국가가 육성한 보기 드문 초능력자

사람의 심장을 멈추는 텔레키네시스!

제2차 세계 대전 후 소련에서는 국가 차원에서 초능력에 대한 연구를 실시했다.
1970년 모두가 깜짝 놀랄 만한 텔레키네시스(136쪽) 실험이 이루어졌다. 몇 명의 과학자가 실험 대상자인 여성 니나 쿨라지나 앞에 개구리 심장이 들어간 비커를 내밀었다. 그리고 한 과학자가 말했다.

"움직이고 있는 이 개구리 심장을 멈추세요."

▲구소련의 초능력 연구에서 많은 성과를 남긴 니나 쿨라지나.

쿨라지나가 정신을 집중하자 개구리의 심장은 움직임을 멈췄다! 충격적인 결과에 흥분한 과학자들 중 한 사람인 게나디 세르게예프 박사가 말했다.

"그 힘으로 내 심장도 멈출 수 있나요?"

그 말에 기절초풍한 다른 과학자들을 아랑곳하지 않고 쿨라지나는 고개를 끄덕였다. 그렇게 해서 세르게예프 박사의 가슴에 심전계가 설치되고 실험이 시작되었다.

쿨라지나가 정신을 집중하자 박사의 가슴에 설치된 심전계의 바늘이 심하게 흔들리기 시작했다. 그리고 창백해진 얼굴로 괴로워하며 가슴을 움켜쥐는 박사의 모습에 위험을 느낀 다른 과학자들이 서둘러 실험을 중지시켰다.

만약 그대로 실험을 계속했다면 틀림없이 박사의 심장은 멈췄을 것이다.

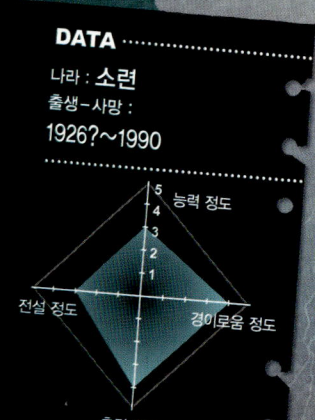

DATA
나라 : 소련
출생–사망 : 1926?~1990

몸에서 나오는 강한 전기 에너지

쿨라지나는 1964년 이전에는 초능력이 없는 평범한 여성이었다. 그런데 그해 그녀는 건강이 나빠지면서 입원을 했다.

그리고 무슨 이유에서인지 입원해 있는 동안 불가사의한 일이 발생했다. 눈을 가린 상태에서 카드 색깔을 알아맞히기도 하고, 다리가 마비되어 못 걷는 환자에게 손을 대자 걸을 수 있게 되기도 하는 일들이 벌어졌던 것이다.

병원 의사들은 이 사실을 바로 레닌그라드대학(현재의 국립 상트페테르부르크 대학교)에 보고했다. 심리학자 등이 쿨라지나의 능력에 대한 연구를 진행하게

3장 인간을 초월하는 힘을 발휘하는 초능력자들

▲손을 대지 않고 물건을 움직이는 텔레키네시스 공개 실험을 하는 쿨라지나.

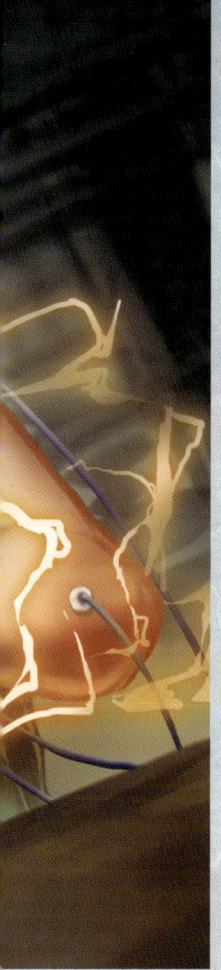

되었다.

그들 학자 중에서도 특히 열심히 연구했던 사람이 세르게예프 박사다. 그는 투시 실험이나 텔레키네시스 실험을 쿨라지나와 함께 진행했고 그녀는 능력을 갈고닦았다. 쿨라지나의 연구를 통해 과학자들은 한 가지 사실을 발견했다. 그건 그녀가 텔레키네시스 능력을 발휘할 때면 몸속에서 밖을 향해 강한 전기 에너지가 발생한다는 사실이다. 그래서 그녀의 몸은 심한 통증을 느끼게 된다.

실험은 5분 진행 후 5분 이상 휴식을 취하지 않으면 계속할 수 없었고, 하루에 총 30분간의 실험으로도 그녀의 체중이 2kg이나 감소했다. 그리고 실험 후에는 심한 두통에 시달렸다.

그래도 쿨라지나는 자신의 힘이 과학의 발전에 도움이 된다면 좋겠다는 생각으로 실험에 협조했다. 하지만 역시 몸에 너무 큰 부담이 되었던 것일까? 1990년 그녀는 60대에 이 세상을 떠났다.

초능력자

03 제라드 크로이셋

여러 가지 어려운 사건을 해결한 최고의 초능력 탐정

물체를 만져 정보를 읽어 낸다

만화나 영화 등에는 초능력자가 자신의 능력을 이용해 범죄 수사를 하는 작품이 있다. 그런데 그런 것이 현실에도 있다고 하면 믿겠는가? 네덜란드의 초능력자 제라드 크로이셋은 그런 초능력 탐정 중 한 사람이다. 그가 가진 초능력은 사이코메트리. 이것은 물체를 만지기만 해도 그 물체가 지닌 과거에서 현재까지의 기억을 읽어 내는 능력이다.

DATA
나라 : 네덜란드
출생~사망 : 1909~1980

- 능력 정도
- 전설 정도
- 경이로움 정도
- 충격 정도

3장 인간을 초월하는 힘을 발휘하는 초능력자들

예를 들면 크로이셋이 행방불명자의 사진을 보거나 애용했던 물건을 만지면 그 사람이 어떤 장소에서 사라졌는지를 알 수 있다. 게다가 어디에 있는지, 살았는지 죽었는지, 혹은 살해되었는지 아니면 사고사를 당했는지도 알 수 있다. 그리고 만일 살해당했다면 어떤 상황에서 죽임을 당했는지도 보인다는 것이다.

사이코메트리 능력이 가장 큰 효과를 발휘하는 사건은 역시 행방불명자 수색, 실종 사건이다. 크로이셋은 국가 소속 경찰 단체에 협조하고 있었다. 실종 사건이 벌어진 장소를 알아맞히는 적중률은 무려 80%를 자랑했다.
그런 크로이셋이 해결한 사건은 수없이 많은데, 여기서는 일본에서 벌어진 실종 사건을 소개하기로 하겠다.

행방불명 사건을 해결

1979년 크로이셋은 일본의 모 방송국 프로그램에 출연하기 위해 일본을 방문했다.

네덜란드의 초능력 탐정 제라드 크로이셋.

그가 일본으로 오기 사흘 전 한 소녀가 실종되는 사건이 벌어지는데 경찰이 대규모 수색을 벌였음에도 불구하고 아무런 단서도 찾지 못했다.
그래서 프로그램에서는 크로이셋에게 소녀의 수색을 부탁했다. 소녀의 사진에 손을 댄 그는 폐차 더미가 보인다며 그 주변의 강과 연못, 도로 등의 지형적 특징을 스케치했다. 그리고 소녀는 이미 물에 빠져 사망했고 내일 아침 시신이 발견될 것이라고 말했다.
다음날 TV 취재부가 크로이셋이 얘기한 현장을 찾아갔을 때는 그의 말대로 소녀의 시신이 수면에 떠 있었다. 크로이셋은 일본에 오자마자, 그것도 소녀의 사진을 보기만 했을 뿐인데 사건을 해결했다. 그의 능력이 진짜임을 뒷받침하는 일화라고 할 수 있다.

능력의 구조에 대해서는 완전한 미지 상태

사이코메트리 능력이 발현될 때 크로이셋에게는 어떤 식으로 영상이 보일까? 이에 대해서 처음에는 점처럼 보이던 것이 마침내 선이 되고 그것이 면이 되어 결국에는 입체가 되어 보인다고 그가 대답했다. 예를 들면 폭죽을 쏘아 올렸을 때 불꽃이 서서히 퍼져 가는 모습과 비슷하다고 한다. 또한, 보통은 색깔이 없는 이미지가 머릿속에 떠오르는데 죽음과 관련되면 컬러로 보인다고도 했다.
이러한 그의 사건 수사 기록은 모두 네덜란드의 위트레흐트 대학교에 남아 있다. 크로이셋은 자신의 능력에 얽힌 수수께끼를 풀기 위해 위 대학교의 심리학 교수 빌헬름 텐하프 박사에게 데이터를 제공했던 것이다. 하지만

크로이셋이 사망하고 40년 가까이 지난 현재도 그의 초능력에 대한 수수께끼는 밝혀지지 않았다.

3장 인간을 초월하는 힘을 발휘하는 초능력자들

> 초능력자 칼럼

범죄 수사 협조를 요구받은 초능력자

'초능력 수사관' 피터 허코스

제라드 크로이셋과 같은 시대에 같은 나라인 네덜란드의 초능력자로 활약했던 피터 허코스 역시 높은 수준의 사이코메트리 능력(142쪽)으로 사건을 해결해 왔다. 그는 미국 FBI로부터 공식적으로 신분증명서와 배지를 받아 '초능력 수사관'이라고 불리기도 했다.

그가 자신의 능력에 눈을 뜬 계기는 서른두 살 때 벌어진 사고였다. 페인트공으로 일하던 중 사다리에서 발을 헛디뎌 10m 아래로 떨어졌다. 그때 머리를 세게 부딪히면서 3일간 의식 불명 상태에 빠졌다가 의식을 차리자 병원 관계자와 환자들의 미래가 보이기 시작했던 것이다.

이렇게 새롭게 싹튼 능력이 알려지면서 네덜란드의 경찰이 주목하게 되었고 극비리에 살인 사건 등의 범죄 수사를 의뢰받게 되었다.

그리고 각종 사건을 해결함과 동시에 그 명성은 전 세계로 퍼져 나갔다.

허코스가 수사에 관여한 사건으로는 1950년 영국에서 발생한 엘리자베스 여왕의 보석 도난 사건, 1969년의

▲네덜란드의 사이코메트리 능력자 피터 허코스.

여배우 샤론 테이트 살해 사건 등 세계적으로 알려진 것이 많다. 그중에서도 그가 해결한 사건으로 가장 유명한 것이 미국 매사추세츠 보스턴에서 발생한 '보스턴 연쇄 살인 사건'이다. 1960년대에 가느다란 끈 같은 것으로 목을 졸라 살해하는 연쇄 살인 사건이 보스턴시에서 발생했는데 범인에 대한 단서를 하나도 못 찾아 수사는 미궁에 빠졌다. 그때 도움을 요청받은 허코스는 피해자의 사진과 유품을 만지더니 범인의 신장과 체중, 얼굴의 특징을 알아냈다. 그뿐만이 아니다. 놀랍게도 보스턴시의 지도를 보며 범인이 있는 곳을 가리켰다.

서둘러 경찰이 현장에 달려갔는데 허코스가 말한 특징과 일치하는 남자가 있었다. 조사 결과 그가 연쇄 살인 사건의 범인이라는 게 밝혀졌다.

초능력자 칼럼

적중률 95%의 사이코메트리 능력자 캐서린 리아

미국을 대표하는 사이코메트리 능력자 중 한 사람인 캐서린 리아. 지금까지 미국의 경찰이나 FBI의 행방불명자 수색에 협조해 왔다. 놀랄 만한 점은 행방불명자를 발견하는 적중률이 무려 95%나 된다는 것이다. 미해결 사건이지만 그녀가 행방불명자가 있는 장소를 적중시킨 사건이 있다.

1978년 캘리포니아주에서 여덟 살과 세 살의 자매가 사라지는 사건이 발생했다. 동생은 당일 밤에 무사히 발견되었는데, 모르는 사람이 언니를 끌고 갔다고 울면서 호소했다. 곧바로 여기저기 수색을 했지만 전혀 단서를 찾지 못했다.

그때 아이들의 부모가 TV에서 본 적 있는 초능력자 리아에게 수색을 의뢰했고, 그녀는 소녀의 사진을 한번 보고는 아이가 이미 살해되었으며, 아이의 시신이 있는 장소는 'L'로 시작되는 거리로 커다란 풍차가 있다고 말했다.

경찰이 현장을 서둘러 찾아 가 보니 리아가 말한 것과 똑같은 장소였고 아이의 시신도 거기서 발견되었다. 하지만 그 후에도 범인을 못 찾아 미궁에 빠진 사건이 되고 말았지만, 리아의 뛰어난 능력을 다시 한 번 증명하는 사건이 되었다.

400건 이상의 사건을 조사한 노린 레니아

노린 레니아도 사이코메트리 능력으로 지금까지 미국의 38개 주와 6개국에서 400건 이상의 미해결 사건을 조사한 초능력 탐정이다. 1983년 뉴욕주에서 어느 부부가 살해됐다. 범행 현장에는 흉기나 지문 등 범인이 남긴 단서가 하나도 없었다. 당연히 수사는 미궁에 빠졌고 그로부터 3년이 지났다. 수사를 했던 형사는 지푸라기라도 잡는 심정으로 레니아에게 도움을 요청했다.

형사가 레니아에게 용의자 사진 열 장을 보여 주자 그녀는 그중 한 장을 가리키며 범인의 이름은 'R. S'이고, 그 밖에도 세 명의 공범자가 있다고 했다. 게다가 피해자의 유품을 만지더니 범인과 피해자가 저녁을 같이 먹다가 언쟁이 벌어졌고, 범행에 사용된 흉기는 물속에 있다고도 했다. 그 정보를 토대로 수사가 이루어져 범인 로버트 스키너가 체포되었다.

스키너는 피해자와 식사하다가 다투게 되었고, 이미 다른 사건으로 체포된 세 사람과 함께 부부를 살해했음을 인정했다. 또, 흉기는 호수에서 발견되었다. 모든 것이 레니아가 말한 그대로였다.

초능력자 04

시간을 초월한 염사를 하다!
테드 세리오스

과거의 광경을 사진에 찍어 내다!

염사(念寫)라는 초능력이 있다. 이것은 정신력으로 그 자리에 없는 광경을 필름에 찍어 내는 힘이다.

미국의 테드 세리오스는 염사 능력에서 보기 드문 성과를 남긴 것으로 알려져 있다. 촬영한 사진이 그 자리에서 바로 인화되어 나오는 즉석카메라를 사용해 그는 각종 염사를 행해 왔다.

이 소문을 들은 심리학자가 세리오스에게 염사 실험에 협조해 달라고 부탁했다. 그리고 자칭 염사 능력자라는 사람 대부분이 가짜인 경우가 많으므로 세리오스가 사전에 카메라에 속임수를 쓰지 못하도록 자신이 직접 준비한 즉석카메라를 건넸다.

그런데 심리학자도 믿기 어려운 결과가 나왔다. 세리오스가 염사한 사진에는 그 자리에 없는 것들이 찍혀 있었기 때문이다.

특히 세리오스가 술에 취한 상태일 때 염사 능력은 더욱 빛을 발했다. 7년 전까지 존재한 가게의 간판이나 수만 년 전에 없어진 네안데르탈인의 모습이 염사된 적도 있었다.(단, 이것은 박물관 전시 모형이 사진에 찍힌 것이라고 한다.) 그의 염사는 시간을 초월하는 경우도 있었다. 하지만 네안데르탈인 사진 이후 세리오스는 염사 능력을 잃고 말았다고 한다.

▲ 염사 능력자 테드 세리오스. 시간을 초월하는 염사도 행했다?

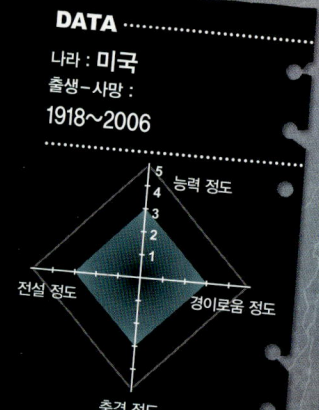

DATA
나라 : 미국
출생~사망 : 1918~2006

능력 정도 / 전설 정도 / 경이로움 정도 / 충격 정도

초능력자 05
잉고 스완

유체이탈로 원격 투시! 초능력 연구를 견인하다

멀리서 목표물을 정확하게 투시

1962년 '미국 심령연구협회(ASPR)'에서 초능력자에 의한 유체이탈 실험이 행해졌다. 이것은 장소를 이동하지 않고 의식만을 몸에서 빠져나오게 하여 떨어진 장소의 모습을 '보는' 현상이다.

이 실험 대상자의 이름은 잉고 스완. 그는 세 살 때부터 유체이탈을 체험했으며 스스로 그 원인을 밝히기 위해 초능력 연구에 적극적이었다. ASPR의 실험에도 직접 지원했다.

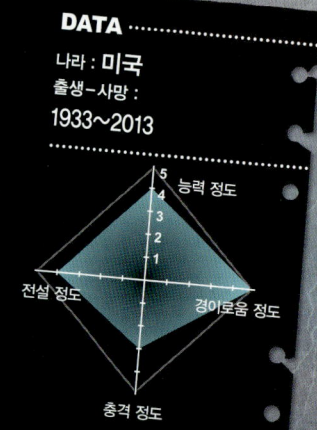

DATA
나라 : 미국
출생~사망 : 1933~2013

3장 인간을 초월하는 힘을 발휘하는 초능력자들

실험 내용은 다음과 같은 것이었다. 스완이 의자에 앉아 유체이탈 상태에 들어간다. 그리고 머리 위에 있는 받침대에 놓인 목표물을 보고 스케치를 하는 것이다.
처음에는 잘 안되었는데 실험을 몇 차례 반복하는 사이 목표물을 정확하게 스케치할 수 있게 되었다.
그 능력을 더욱 갈고닦기 위해 ASPR의 실험은 차츰 더 멀리 있는 것을 목표물로 삼아 시험했다. 결국 실험실에서 상당히 떨어진 지점의 풍경이나 날씨 상태를 보는 것도 가능하게 되었다.
이렇게 해서 스완은 먼 곳을 꿰뚫어 보는 능력을 유체이탈과는 다른 능력으로 '리모트 뷰잉(원격 투시)'이라고 명명했다.

게다가 1972년부터 정부와 국방부로부터 자금을 제공받아 초능력 연구 등을 실시했다고 하는 '스탠퍼드연구소(SRI)'의 실험에 협력하게 되는데, 미국의 일류 물리학자들과 함께 하는 연구를 시작한 것이다.

미국의 초능력 군사 계획에 협력

스완이 SRI에서 실시한 실험은 위도와 경도의 정보만으로 그 장소가 어떤 곳인지를 리모트 뷰잉으로 보는 것이었다. 부정행위 등이 없도록 투시할 장소의 정보는 실험 직전에 전화로 지시하는 식으로 주의를 기울였다. 이 실험에서 스완이 남긴 성과는 SRI 연구자들의 예상을 훨씬 웃도는 것이었다. 스완은 건물이나 차도 등의 위치가 정확한 지도를 그려 냈던 것이다.

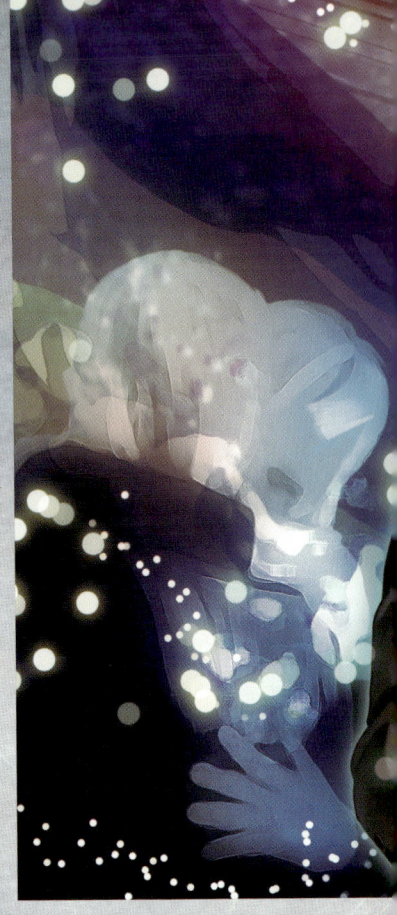

그뿐만이 아니다. 1972년의 리모트 뷰잉 실험에서는 당시는 아직 판명되지 않았던 목성에 고리가 있다는 것까지 지적했다.(이것은 1979년에 관측되었다.) 그렇게 스완은 자신의 능력을 키워 나갔을 뿐만 아니라, 1978년부터 시작된 미국이 초능력자를 군사 목적으로 사용하려는 계획 '스타게이트 프로젝트'에서 초능력자의 육성에도 힘을 쏟았다. 그 성과의 대부분은 정부의 군사 기밀이기 때문에 공개되지 않았다. 하지만, 후에 미국 '워싱턴 포스트'의 특종 기사에 따르면 리모트 뷰잉 능력자들에 의해 소련의 핵실험 시설이나 원자력 잠수함의 위치를 확인했다고 한다. 그 이면에 스완이 깊이 관여하고 있었음이 충분히 짐작된다.

3장 인간을 초월하는 힘을 발휘하는 초능력자들

▶ 미국 최고의 초능력자라고도 불리는 잉고 스완

또한, 스완에 따르면 초능력자의 능력 육성 후보자를 고를 때는 그 사람이 직감력을 가지고 있는지 확인하는 게 중요하다고 한다. 이런 힘이야말로 여러 가지 초능력의 기초가 된다고 말했다.

초능력자 06

조셉 맥모니글

과거에서 미래까지를 원격 투시!

시공을 초월한 리모트 뷰어

'현대 최강의 리모트 뷰어'로 명성이 자자한 초능력자 조셉 맥모니글. 일본에서는 'FBI 초능력 수사관'으로 TV 프로그램에도 많이 출연한 것으로 알려져 있다.

리모트 뷰잉은 멀리 떨어진 장소의 광경을 보는 초능력인데 맥모니글의 능력은 그뿐만이 아니다. 그의 원격 투시는 시공을 초월한다.

예를 들면 2030년이 되기 전에 지금까지의 백신이 효과가 없는 바이러스가 퍼져 인류가 고통을 받는 미래의 광경을 보았다고 한다. 또한, 향후 100년간 미래의 광경을 꿰뚫어 본 그는 미국이나 이탈리아, 그리고 일본 등지에서 괴멸적인 대지진이 일어날 거라고 지적했다.

실제로 그가 봤다는, '2016년에 소행성이 지구와 충돌할 정도로 근접하는' 광경은 시간적으로 빗나가기는 했지만 2014년 지구에서 35만km 지점을 소행성이 통과했다는 얘기도 있다.(35만km는 지구와 달의 거리인 약 38만km보다 가깝다.)

미래의 사건만 예견하는 것 같지만, 그는 과거도 볼 수 있다. 한 잡지의 기획에 참여했을 때는 일본 고대사 최대의 수수께끼 중 하나인 야마타이국(3세기경에 일본에 있었던 나라 이름)의 장소와 당시의 여왕 히미코의 얼굴 등을 투시하기도 했다.

스타게이트 프로젝트에서 활약

맥모니글은 어렸을 때부터 사전에 위험을 감지하는 능력을 가지고 있었다. 능력이 크게 꽃을 피우기 시작한 것은 열여덟 살에 미국 육군에 입대하면서부터다. 세계 각지의 전장에 몸담아 왔던 그는 항상 생사의 갈림길에 있었다. 그러다 보니

DATA
나라 : 미국
출생-사망 : 1946~

- 능력 정도
- 전설 정도
- 경이로움 정도
- 충격 정도

▲ 미국 국방부. 초능력을 군사적으로 활용하는 스타게이트 프로젝트를 비밀리에 실시했다고 한다.

3장 인간을 초월하는 힘을 발휘하는 초능력자들

저절로 위험을 감지하는 능력이 향상되었을 것이다.

그런 일상을 보내던 어느 날 맥모니글이 갑자기 의식 불명 상태에 빠졌다. 이때 유체이탈을 체험하면서 회복 후에 리모트 뷰잉 능력을 갖게 된 것이다. 이후 맥모니글은 위험 감지 능력과 리모트 뷰잉으로 적군의 공격을 사전에 알았다. 그와 함께 있으면 전사하지 않고 살아 돌아올 수 있다는 얘기가 돌 정도였다.

당연히 군은 그의 이러한 능력을 놓치지 않았다. 그리고 초능력자를 군사적으로 이용하는 '스타게이트 프로젝트'의 리모트 뷰어 제1호로 그를 뽑았다.

맥모니글은 위 프로젝트의 지도자였던 초능력자 잉고 스완(152쪽)에게 교육을 받아 능력을 갈고닦았다. 1979년 이란에서 발생한 '미국 대사관 인질 사건'이나 1981년에 이탈리아에서 발생한 '미국군 준장 유괴 사건' 등의 해결에 공헌했다.

스타게이트 프로젝트에서 빠진 후에는 그때의 체험을 책으로 발표하거나 능력을 살려 사건 수사에 협조하는 등 활약을 이어갔다.

> 초능력자 칼럼

초능력자들이 운영하는 기업이 존재한다

리모트 뷰잉 능력을 활용!

미국의 초능력 군사 계획 '스타게이트 프로젝트'를 지도했던 잉고 스완(152쪽)은 조셉 맥모니글 등 많은 리모트 뷰어를 육성해 왔다. 그에 따르면 소질만 있으면 훈련에 따라 누구나 리모트 뷰잉을 할 수 있게 된다고 한다. 그 훈련 방법도 스완이 확립했다.

그렇다면 소질이 있는 사람을 모아 스완의 훈련법으로 육성하면 리모트 뷰어 집단을 만들 수 있다는 얘기다. 그리고 그 능력을 사용해 특수한 정보 수집을 전문으로 한 기업을 만드는 것도 가능하다.

그런 생각으로 1989년에 실제로 회사를 세운 초능력자가 있다. 과거

스완의 지도를 받고 초능력에 눈을 떠 스타게이트 프로젝트에서 활약했던 리모트 뷰어 에드 제임스가 '사이테크'라는 회사를 차렸다.

걸프 전쟁에서 병기 정보를 투시!

미국 뉴멕시코주에 설립된 '사이테크'의 사원은 모두 리모트 뷰어이다. 그들은 군사나 산업 등과 관련된 것을 투시하여 정보를 모아 이익을 창출하고 있다.

특히 사이테크가 명성을 떨치게 된 계기는 1990년의 걸프 전쟁이다. 이때 국제 연합의 의뢰로 이라크군의 병기 위치 등을 투시하여 그 정보를 토대로 이라크군의 병기고 파괴 작전을 성공시켰다. 또한, 1987년에 있었던 '대한항공기 폭파 사건'의 원인을 투시하거나 놀랍게도 화성의 지표 모습까지 조사하기도 했으며, 최근에는 북한의 미사일을 투시하여 그 동향을 쫓고 있다고 한다.

더불어 그들은 능력자 양성 프로그램 등을 개발해 후진 양성을 위한 세미나도 실시하고 있다.

초능력자

07 장보승

중국 최고의 초능력자

순간 이동 능력이 뛰어난 신인(神人)

중국에서는 '신인(神人)'이라고 불리며, 그 능력은 세계 최강이라는 초능력자가 장보승이다.

초능력자들은 몇몇 특출한 능력이 있게 마련인데 장보승은 무려 투시와 염력, 염사, 예지, 물체 복원 등 어떤 분야에서든 능력이 출중해 말하자면 어떤 초능력이든 다 갖춘 '초능력 백화점'이라고 말할 만하다. 그중에서도 특히 텔레포테이션(순간 이동)에 뛰어난 능력을 발휘했다.

예를 들면 장보승은 실험에서 유리병 속 길이 1m, 지름 1mm의 강철 와이어를 쳐다만 보고도 토막 내어 유리병 밖으로 순간 이동시킬 수 있었다.

또한, 다른 실험에서는 아무것도 없는 텅 빈 실험실

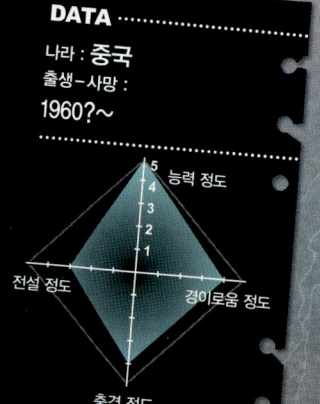

DATA

나라 : 중국
출생-사망 :
1960?~

3장 인간을 초월하는 힘을 발휘하는 초능력자들

안으로 들어가더니 약 2km 떨어진 과일 가게에서 많은 양의 수박과 배를 옮겨 왔다고도 한다.

그뿐만이 아니다. 그는 자기 자신을 순간 이동시킬 수도 있다. 입구가 막힌 실내에 순식간에 나타나기도 하고, 또 놀랍게도 40km나 떨어진 장소에 단 5분 만에 이동했던 일도 있다.

그리고 장보승의 특기 중의 특기인 텔레포테이션은 의료에서도 힘을 발휘한다. 수술조차 불가능한 암세포를 그냥 꺼내 버리는 것이다!

그 때문에 장보승의 힘에 기대려는 중국 정부의 고위 관리 등 중요한 자리에 있는 사람들이 많아 그는 중국 정부에서 인정한 '국가 공인 초능력자'가 되었다.

현재 중국은 세계 최고봉의 초능력 연구 국가로 알려져 있다. 장보승이 중국의 초능력 연구를 실시하는 정부 기관의 멤버라는 점도 이유가 될지도 모르겠다.

초능력자

08 손저림
죽은 것을 소생시키는 경이로운 능력

조리된 새우가 다시 살아나다!

중국을 통틀어 여성 초능력자로 명성이 자자한 손저림. 그녀가 가진 초능력은 시곗바늘을 만지지 않고 움직이거나 숟가락·동전 구부리기나 염사나 투시 등 무려 60종류에 이른다고 한다.

그녀의 초능력 중에서도 가장 경이로운 것이 물체의 '소생' 즉, 죽은 것을 되살리는 능력이다.

다음과 같은 일이 있었다. 손저림이 식사 중에 삶은 새우를 손에 들었다. 그러자 새우가 그녀의 손바닥 안에서 눈부신 빛을 뿜어내는 것이다. 빨갛게 익었던 새우의 색깔이 점점 살아 있을 때와 같은 반투명의 거무스름한 색으로 바뀌더니 마침내 팔딱팔딱 뛰기까지 했다. 되살아난 것이다! 그뿐만이 아니다. 그녀가 삶은 달걀에 손을 대고 정신을 집중하면 날달걀이 된다.

또한, 그녀는 식물을 빠르게 성장시킬 수도 있다. 물에 적신 식물의 씨앗을 단 몇 분 만에 발아시키고, 게다가 십여 분 만에 잎이 날 정도로 성장시킬 수 있다. 물론 새우나 달걀의 예와 같이 조리한 두부 등을 원래의 상태로 되돌리는 것도 가능하다.

손저림에 따르면 이 초능력은 생물이나 식물의 씨앗이 그녀의 뇌에 말을 걸어와서 가능한 것이라고 한다. 그러나 이런 초능력은 그녀밖에 못하는 것이라고 한다.

또한, 죽은 것을 되살리는 것은 작은 물체에 한정되므로 인간 등의 커다란 생물에는 안타깝게도 적용할 수 없다고 한다.

DATA
나라 : **중국**
출생-사망 :
1957~

능력 정도
전살 정도
경이로움 정도
충격 정도

3장 인간을 초월하는 힘을 발휘하는 초능력자들

초능력자

09 나가오 이쿠코

세계 최초의 염사를 행한 여성 초능력자

진짜라며 절찬을 받은 염사 능력

1910년 봉투 안에 넣은 종이에 쓰여 있는 글자를 읽어 내는 투시 능력으로 유명해진 나가오의 소문을 들은 초능력 연구자 후쿠라이 도모키치는 그녀에게 투시 실험에 협조해 달라고 부탁했다.

실험 내용은 사진 건판으로 글자를 촬영하여 현상하지 않은 상태에서 검은 종이에 감싼 글자를 나가오에게 투시하도록 하는 것이었다.

나가오는 글자를 별 어려움 없이 투시했다. 그런데 사진 건판에는 후쿠라이도 예상하지 못한 일이 일어나고 있었다. 그녀가 투시한 글자 주변이 건판에 빛을 대었을 때와 같은 모양이었던 것이다.

후쿠라이는 나가오의 정신력에는 건판에 빛을 대는

DATA
나라 : 일본
출생~사망 :
1871~1911

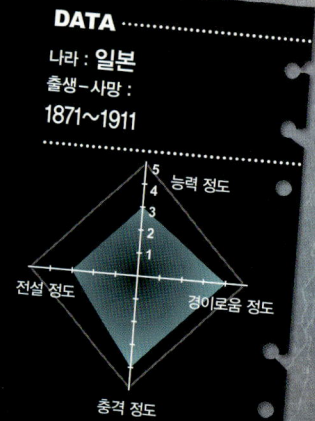

3장 인간을 초월하는 힘을 발휘하는 초능력자들

것 같은 힘이 있는 게 아닐까 생각했다. 그렇다면 사용하지 않은 새 건판에 나가오가 머릿속으로 생각하는 글자나 도형을 나타나게 할 수 있을지도 모른다고 생각했다.

그래서 후쿠라이는 나가오에게 건판을 향해 '심(心)'과 '신(神)'이라는 글자를 떠올려 보도록 했다. 그 결과, 예상대로 건판에 글자가 나타났고 후쿠라이는 이 초능력을 '염사'라고 명명했다. 세계 최초의 염사 실험이 되었던 것이다! 하지만 이 염사 실험에 의심을 품는 사람도 적지 않았다. 그 때문에 이듬해에는 물리학자 등이 함께 참석한 자리에서 두 번에 걸쳐 나가오의 염사 실험을 실시하게 되었다. 두 실험 모두 성공했다.

그 결과 나가오의 능력은 엄청난 절찬을 받았는데, 한편으로는 속임수라며 비난받기도 했다. 그것이 정신적으로 부담이 되었는지 실험을 하고 약 두 달 후 나가오는 갑자기 죽었다.

초능력자 10 미타 고이치

달의 뒷면을 염사한 당대 제일의 대초능력자

한 번도 본 적 없는 달의 뒷면을 비추어 내다

미타 고이치는 어렸을 때부터 동네에서 발생한 빈집털이 사건의 범인을 알아맞히는 등 신기한 능력을 발휘했다. 그리고 신문 보도 등을 통해 초능력 연구자 후쿠라이 도모키치가 실시한 염사 실험에 대해서 알게 된 후 직접 각지의 풍경을 염사하여 평판을 높여 갔다.

1917년 미타는 후쿠라이를 만나 각종 초능력 실험에 협조했다. 그중에서도 미타의 염사 능력은 특히나 뛰어났다. 놀랍게도 미타는 염사할 사진 건판이 멀리 있어도 거기에 글자나 경치를 찍어 냈다. 그리고 1931년 후쿠라이의 제안으로 미타는 믿을 수 없는 것을 염사해 냈다. 다름 아닌 달의 뒷면이다. 달은 지구를 향해 항상 같은 면을 보여 주기 때문에 당시는 누구도 본 적이 없었다. 그해 6월 미타는 효고현에 있는 자신의 집에서 지구와 약 38만 km나 떨어진 달의 뒷면에 의식을 집중하여 염사를 시작했다. 그리고 40km 떨어진 후쿠라이의 자택에 있는 사진 건판에 그 모습을 담아낸 것이었!

이 실험은 초능력을 믿는 자와 안 믿는 자 양측의 큰 반향을 일으켰다. 하지만 정말로 달 뒷면인지를 논쟁할 수 있게 된 것은 미타가 사망한 후로 실험에서 약 30년 이상 지나고 나서였다. 탐사기 등을 통해 달의 뒷면을 촬영할 수 있게 되면서이다.

그 결과 한 연구자는 미타의 사진이 진짜라고 단정했고, 또 다른 연구자는 어떤 방법을 써서 만들어 낸 것이라고 주장했다. 결국 확실한 결론에 이르지는 못하고 있다. 다만 미타는 초능력을 회사 경영에 활용하여 실적을 남겼다. 그 능력이 진짜였다는 것은 틀림이 없을 것이다.

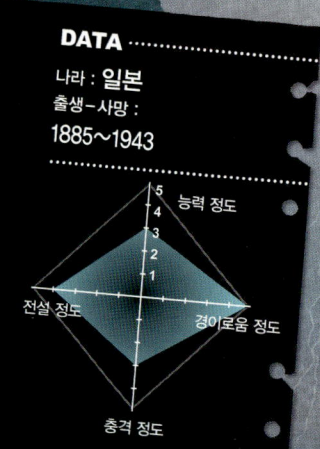

DATA
나라 : 일본
출생–사망 : 1885~1943

능력 정도 / 전설 정도 / 경이로움 정도 / 충격 정도

초능력자 II 미후네 치즈코

일본의 원조 리모트 뷰어

비극의 천리안 능력자

미후네 치즈코는 일본 최초의 초능력 학술 연구의 대상이 되었던 인물이다. 미후네에게 초능력이 나타난 것은 열일곱 살 무렵이다. 그녀의 형부가 "너에게는 천리안(원격 투시=리모트 뷰잉 능력)이 있다."며 최면술을 걸면서부터다. 그녀의 투시 능력은 마침내 향상되었고 더불어 그녀의 평판도 높아졌다.

그 무렵 초능력 연구를 시작한 후쿠라이 도모키치가 미후네를 찾아갔다. 차 항아리에 넣은 명함의 글자를 읽어 보라는 등 그녀의 투시 능력을 시험하는 실험을 한 결과 후쿠라이는 그녀의 능력이 진짜임을 확신하고 학회에서 발표했다. 이것이 과학자들 사이에 대대적인 논쟁을 불러일으켰다. 그럴 만도 한 것이 미후네의 투시는 입회한 사람들에게 등을 돌리고 투시할 물건에 손을 대어야 했기 때문이다. 그런 점에서 많은 의혹을 샀다. 그래서 1910년 도쿄제국대학(지금의 도쿄 대학교)에서 물리학자 등의 입회하에 일본 최초의 본격적 초능력 실험을 실시하게 되었다. 밀폐한 납관에 들어 있는 글자를 투시하는 실험이었다. 미후네는 글자 투시에 성공했다. 하지만, 그것은 후쿠라이가 준비한 납관이었다. 원래는 물리학자 측에서 준비한 납관을 사용할 예정이었는데 착오가 있었다. 이 일을 계기로 모든 신문에서 미후네의 능력이 속임수라며 부정적으로 보도했다.

그 결과 미후네는 세상 사람들에게도 엄청난 비난을 받았다. 후쿠라이는 한 번 더 실험하여 그녀의 능력을 증명하려고 했다. 하지만 미후네는 "아무리 연구해도 소용없습니다."라는 말을 남기고, 절망한 나머지 1911년, 불과 스물다섯이라는 젊은 나이에 독약을 먹어 목숨을 끊고 말았다.

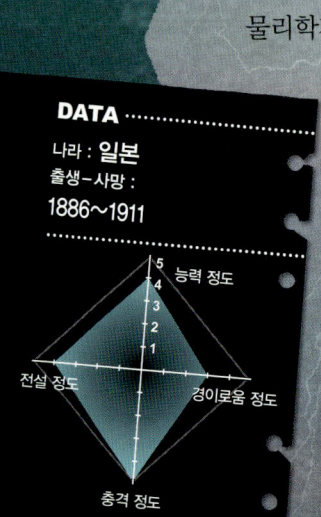

DATA
나라 : 일본
출생~사망 : 1886~1911

능력 정도 5/4/3/2/1
전설 정도
경이로움 정도
충격 정도

초능력자

12

다카하시 사다코

트랜스 상태에서 염사 능력을 발휘!

불경을 외면서 염사 능력을 발현

정신을 단련하기 위한 호흡법을 독자적으로 연구했던 다카하시 미야지는 아내 사다코에게 호흡법을 가르쳤다. 그것이 계기가 되었던 것인지 마침내 그녀는 특별한 힘에 눈을 뜨게 됐다. 바로 투시 능력이다.

그런데 일본에서는 미후네 치즈코나 나가오 이쿠코 등의 초능력 실험이 비난을 받고 결국 불행한 최후를 맞이하는 일이 이어지고 있었다. 미야지는 만일 사다코의 능력을 공개하면 아내의 신변에도 같은 비극이 일어나는 게 아닐까 두려워 그 능력을 숨겼다.

그러다가 다카하시 부부는 지인을 통해 미후네나

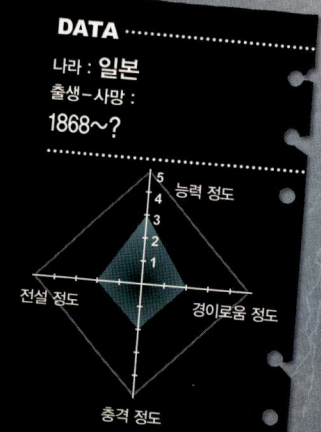

DATA
나라 : 일본
출생-사망 :
1868~?

3장 인간을 초월하는 힘을 발휘하는 초능력자들

나가오의 실험을 진행했던 후쿠라이 도모키치를 알게 되어 초능력 실험에 적극적으로 협조하게 됐다. 사다코의 투시 능력이 뛰어나 염사 실험이 이루어졌던 것이다.

사다코의 염사는 미후네나 나가오 등과는 달리 불경을 외며 트랜스 상태(평소와는 다른 몽롱한 의식 상태)에 빠졌을 때 가능했다. 또 그녀가 염사하는 것은 종교를 연상하게 하는 글자가 대부분이었다.

다만 딱 한 번 자신의 손가락 세 개를 염사한 적이 있었다. 그때 그녀는 그 기억이 없다고 말했다고 한다.

후쿠라이는 이 실험 결과를 발표했지만, 미후네나 나가오의 일이 있었던 만큼 학자들은 그를 상대하려 하지 않았다. 게다가 후쿠라이는 자신이 소속했던 도쿄제국대학(지금의 도쿄 대학교)을 휴직했다가 퇴직했다.

다카하시 부부는 자신들 때문에 이런 결과가 초래된 것에 책임을 느끼고 염사 실험을 중단하고 도쿄를 떠나 버렸다. 이후 부부가 어떻게 되었는지는 알려진 바가 없다.

초능력자 13

초난 도시에

아무것도 없는 공간에서 무언가를 물질화해 내는 능력자

난치병을 고치는 '신수'를 물질화!

메이지 시대에 초능력을 가지고 있다는 한 여성이 재판에 넘겨져 판결을 받는 사건이 일어났다. 피고의 이름은 초난 도시에.

그녀는 20대 무렵에 병으로 피를 토한 이후 거의 식사를 하지 않아도 아무렇지 않은 몸이 되었다고 한다. 그리고 특수한 힘에 눈을 떴는데 그것은 다름 아닌 초능력으로 공기 중에서 어떤 난치병도 고칠 수 있는 '신수(神水)'라는 신비한 액체를 만들어 내는 것이었다.

초난은 신수를 병으로 고통받는 사람들에게 나눠 주었다. 하지만 이 행위가 의료 사기 행위에 해당된다고 해서 체포되었다.

그런데 이 일로 오히려 그녀가 지닌 특별한 힘을 증명하게 되었다.

붙잡혀 있는 동안 그녀는 일절 먹지 않았으며 한 번도 화장실에 가지 않았다.

게다가 재판 중에 신수를 추출할 수 있느냐는 질문에 초난은 한 치의 망설임도 없이 가능하다고 대답했다. 그래서 그녀가 아무것도 가지고 있지 않다는 것을 확실히 하기 위해 몸을 샅샅이 조사한 뒤 재판소 측에서 준비한 별실로 이동했고, 빈 병을 건네받았다. 몇 분 후 별실에서 나온 그녀의 손에 신수로 가득 찬 병이 들려 있었다. 전례 없는 사건이었던 만큼 재판은 오래 이어졌는데 마침내 그녀는 증거 불충분으로 풀려났다.

그 후에도 초난은 40대 중반의 나이로 죽기 전까지 식사를 전혀 하지 않는 생활을 계속했으며 그래도 건강하고 생기가 있었다고 한다.

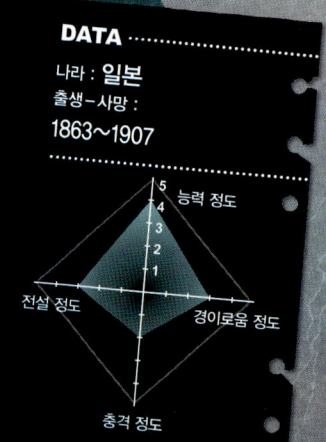

DATA
나라 : 일본
출생-사망 : 1863~1907

초능력자 칼럼

우주 비행사가 실시한 초능력 실험

텔레파시 실험을 했던 우주 비행사 미첼

미국의 유인 달 탐사를 목적으로 한 아폴로 계획은 인류 최초의 달 표면 착륙을 이루어 내는 등 위대한 성과를 남겼다. 그 계획에서 세 번째 달 표면 착륙에 성공한 아폴로 14호의 승선원 에드거 미첼은 사실 개인적으로 초능력 실험을 하고 있었다. 그것은 텔레파시라고 하는 것으로, 멀리 떨어진 장소에 머릿속으로 생각한 것을 전달하는 능력의 실험이었다.

그가 카드에 그려진 도형을 보고 텔레파시로 지구에 있는 친구에게 송신하면 친구가 그것을 기록하는 식이었다. 그리고 지구에 돌아가 확인했다. 결과는 25.5%의 확률로 일치했는데, 이것은 지구에서 실시한 같은 실험의 평균 적중률을 훨씬 웃도는 결과였다.

그렇다면 우주에서는 지구에서보다도 초능력이 각성되기 쉬운 것일까?

▲아폴로 14호에서 초능력 실험을 했다고 하는 우주 비행사 에드거 미첼.

4장
신비한 힘을 가진
영능력자들

주어진 영적인 힘을 받아들여
신비한 세계를 몸소 체험한 영능력자들.
그들은 우리에게 눈에 보이지 않는 세계의
존재를 느끼게 해 준다!

이 비오 신부

신성한 표시를 지닌 기적의 성인

'성흔' 현상이 생기는 기적!

'20세기 최대의 성인'이라고도 불리는 비오 신부. 열여섯 살에 수도사로서 생활을 시작한 그에게 기적이 일어난 것은 서른한 살 때였다. 매주 빠짐없이 양손, 양발, 우측 옆구리에 심한 통증을 느끼기 시작했다. 그리고 결국엔 깊은 상처가 생기더니 피가 엄청나게 흘러나왔다. 혈액에서는 향기로운 꽃향기가 났다고 한다. 출혈 자리는 바로 예수가 못에 박힌 자리와 같은 곳이었다. 이 현상을 '성흔'이라고 한다. 이후 비오 신부에게는 이 성흔 현상이 죽을 때까지 이어졌다. 특히 손의 상처는 낫지 않고 구멍이 생길 정도였다고 한다.

▲성흔 현상의 체험자로, 각종 기적을 일으킨 비오 신부.

사람들에게 가져온 여러 가지 기적

그리고 비오 신부는 성흔 현상이 일어난 후 사람들에게 다양한 기적을 일으켰다. 가장 유명한 것 중 하나가 1947년 눈먼 소녀에게 일어난 기적이다. 비오 신부가 있었던 산 조반니 로톤도의 수도원에 날 때부터 안구가 없었다는 소녀가 할머니와 함께 찾아왔다. 소녀의 사정을 들은 비오 신부는 기도를 올리고

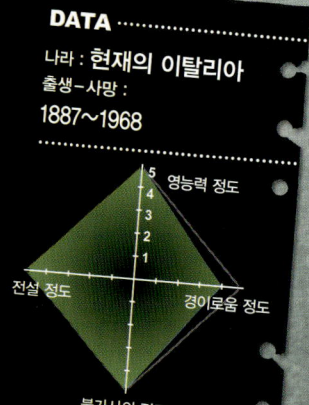

DATA
나라 : 현재의 이탈리아
출생-사망 : 1887~1968

- 영능력 정도: 5
- 전설 정도
- 경이로운 정도
- 불가사의 정도

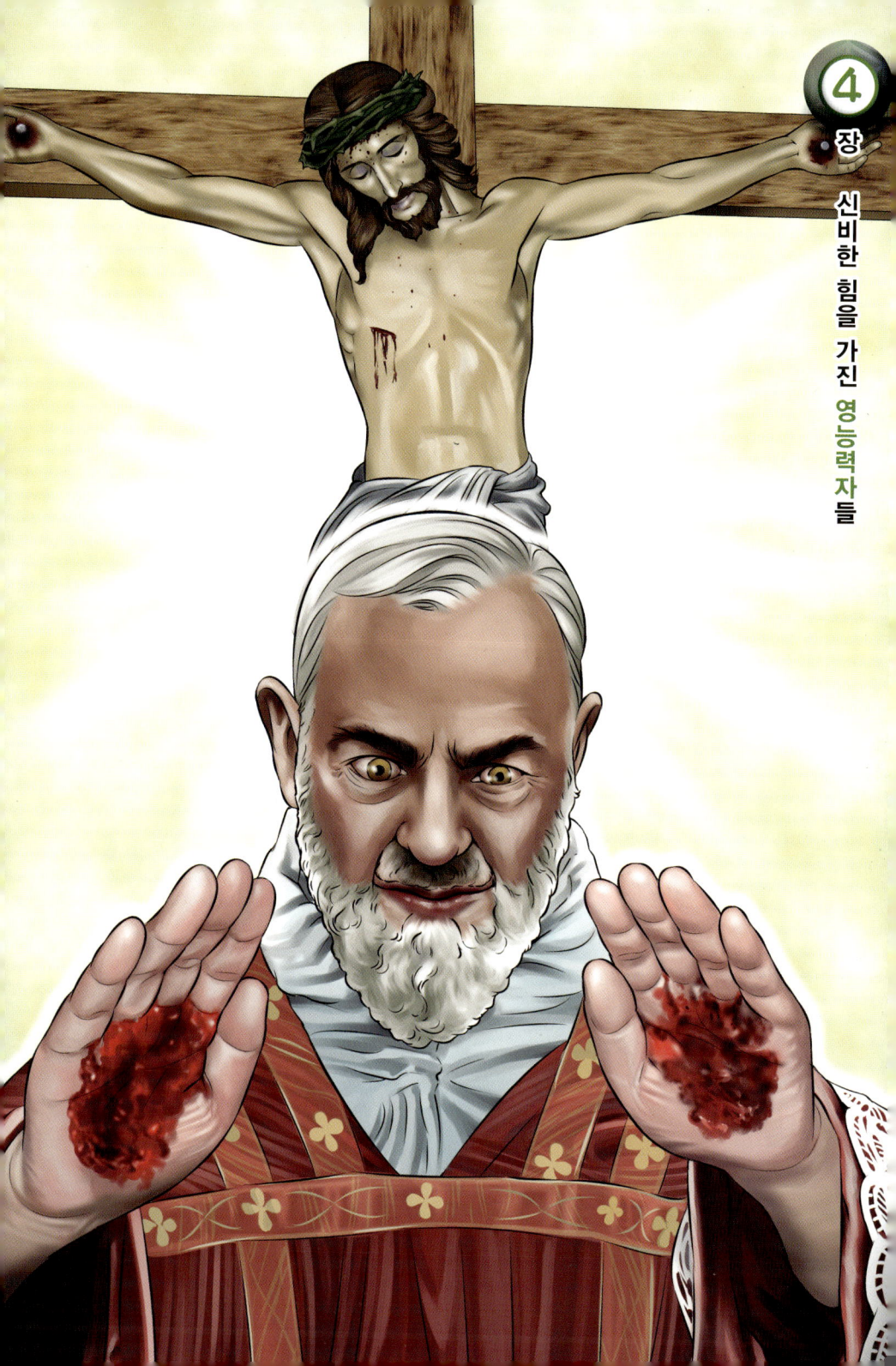

그녀의 눈두덩에 손을 갖다 대었다. 그리고 석 달 후 놀랍게도 소녀의 눈에 안구가 생겨 앞을 볼 수 있게 됐다!

이 기적은 순식간에 유럽 전역으로 퍼져 나갔으며 비오 신부의 명성은 단번에 유명해졌다.

놀라운 기적은 그것 말고도 또 있다. 장티푸스 같은 질병에 걸려 곧 세상을 떠날 것 같던 여성 앞에 비오 신부가 나타나자 병이 완치되었다고 한다.

또, 고장 난 비행기에서 낙하산을 메고 탈출한 조종사가 낙하산이 펴지지 않아 추락사를 각오했다. 그 순간 비오 신부가 출현하자 조종사의 몸이 공중에 뜨면서 천천히 지상으로 내려왔다는 얘기도 있다. 그런데 놀라운 것은 당사자인 비오 신부는 멀리 떨어진 장소에 있었다는 것이다. 이처럼 원래 그 자리에 없었음에도 불구하고 비오 신부가 나타났다고 하는 기적도 여러 건 보고되고 있다.

사후에도 계속 기적을 일으키다!

비오 신부는 81세의 나이로 사망했다. 그런데 그 후에도 기적은 계속되었다. 그의 유체가 안치된 산 조반니 로톤도 수도원의 묘지를 방문한 사람들이 병에서 나았다는 보고가 이어졌던 것이다.

게다가 비오 신부 사후 40년인 2008년부터 이듬해에 걸쳐 공개된 유체는 정수리가 백골화되기는 했어도 전체적으로 거의 부패하지 않았던 것이다! 또한, 최근에 비오 신부를 만나 치유를 받았다고 증언하는 사람들이 있다. 그의 영혼이 지금도 계속 사람들을 구제하고 있는 것이다.

4장 신비한 힘을 가진 영능력자들

◀ 비오 신부 사후에 공개된 유체는 양호한 상태를 유지하고 있었다고 한다.

02 테레제 노이만

예수의 피와 고통의 수난을 체험한 수녀

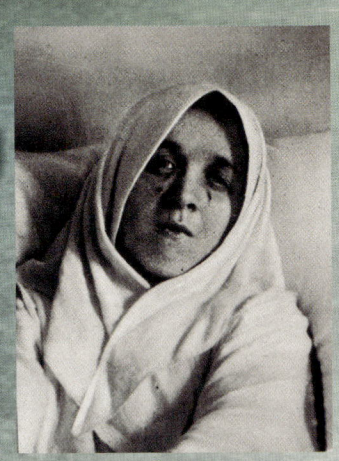

▲ 성흔 현상의 체험자 테레제 노이만.

큰 화상을 입고도 기적적으로 회복

예수가 못에 박힌 것과 같은 위치에 상처가 생기는 성흔 현상은 지금까지 400건 이상 보고되었다. 테레제 노이만도 뚜렷한 성흔 현상을 보였던 인물 중 한 사람이다.

믿음이 깊은 가톨릭교도였던 노이만은 스무 살 무렵에 화재로 큰 화상을 입고 몸져눕게 된다. 마침내 시력도 잃고 점점 쇠약해져 갔다.

그런데 몇 년 후 기적이 일어났다. 그녀가 '마음의 스승'으로 존경했던 19세기 프랑스의 수녀 테레즈 드

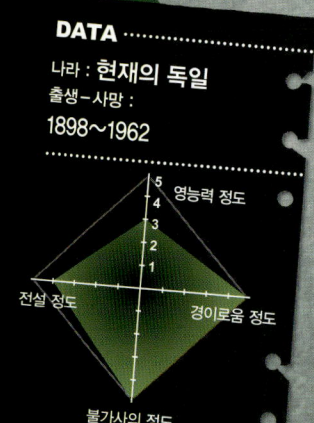

DATA
나라 : 현재의 독일
출생-사망 :
1898~1962

4장 신비한 힘을 가진 영능력자들

리지외가 '성인(聖人)' 칭호를 받던 날 시력이 되돌아온 것이었다! 게다가 같은 해 성 테레즈의 기일에는 자신의 힘으로 자리에서 일어나 맘껏 걸을 수 있게 되었다.

성흔 현상과 예수의 출현

기적이라고 할 만한 현상은 이뿐만이 아니었다. 이듬해 노이만이 그리스도교 부활제 준비 기간 중 명상을 하고 있었는데 그녀 앞에 갑자기 예수가 나타났다!
옆구리와 양손 양발에 심한 통증을 느껴 정신을 잃고 말았는데, 몇 시간 후 의식을 차린 노이만이 통증이 있었던 자리를 살펴보니 상처가 생겨 엄청나게 피를 흘리고 있었다. 틀림없는 성흔 현상이었다!
또한, 보고된 성흔 현상 대부분은 옆구리와 양손 양발에 나타나는 경우가 많은데, 노이만은 이마 주위에도 상처가 있었다. 이것은 예수가 못에 박혔을 때 머리에 씌워진 가시관으로 인해 생긴 작은 상처와 일치하는 것이었다. 게다가 더욱 놀라운 일은 그녀의 두 눈에서 피눈물이 흘러나오고 있었다는 사실이다.

생애 계속된 예수 수난의 체험

이 현상에 대해 의심을 품는 사람도 나타났다. 하지만 노이만의 성흔 현상은 그런 사람들조차 믿지 않을 수 없을 정도로 엄청난 것이었다.

노이만은 매주 금요일이 되면 몇 번이고 붕대를 갈아야 할 정도로 성흔이 생긴 자리에서 많은 피를 흘렸다.

1927년에는 또다시 그녀 앞에 예수가 나타났고, "더 이상 지상의 음식에 기대지 않아도 된다."는 목소리를 들었다. 그 말대로 노이만은 음식은커녕 마실 것조차 거의 입에 대지 않게 되었다.

1930년에는 성흔 현상이 나타난 그녀의 양손에 못의 머리와 비슷한 돌기가 생겼다. 이것은 그야말로 예수의 손에 박힌 못이었다.

노이만은 1962년에 생을 마감하기 전까지 출혈과 고통을 수반한 예수의 수난을 계속 겪었다. 그녀를 진찰한 그 어떤 의사도 마지막까지 그녀의 상처와 유혈의 원인을 의학적으로 설명하지 못했다고 한다.

젊어서 화재로 심한 상처를 입었던 노이만에게 신은 목숨을 구제해 주는 대신 예수의 수난을 체험하는 시련을 내렸던 것일까? 그에 대한 답은 알 수 없지만, 그녀의 몸에 기적이라고 할 만한 현상이 일어났던 것만은 틀림없는 사실이다.

03 헬레나 블라바츠키

근대 신지학의 기초를 확립한 영능력자

세계를 방랑하면서 영능력을 높였다

신비 사상가 헬레나 블라바츠키가 영능력자가 된 것은 그야말로 운명이었다. 우크라이나의 한 마을에는 '러시아력 7월 31일에 태어난 자는 영능력자가 된다.'고 하는 전설이 있었는데, 그녀가 바로 그 날에 태어났다. 블라바츠키는 열일곱 살의 어린 나이에 시집을 가지만 결혼하고 몇 주 후 남편에게서 도망쳐 나와 세계 각지를 방랑하기 시작했다. 이집트에서는 마술사에게 가르침을 받았고, 프랑스에서는 최면술사에게 수정 구슬 점 등을 익혔으며, 게다가 티베트에서는 수행을 통해 영능력을 쌓아 갔다.

여행을 마친 블라바츠키는 고향으로 되돌아갔다. 그런데 그녀 주변에서 신기한 일이 종종 벌어지게 되었다. 향상된 영능력이 겉으로 드러난 걸까, 벽과 바닥이 소리를 내고 가구가 움직이기 시작하더니 공중에 떠다니기까지 하는 현상을 보게 된 것이다. 그러다 미국으로 건너가 동료와 함께 '신지학 협회'를 설립했다. 신지학(神智學)은 간단히 말하면 '영적인 세계를 연구하고 인간이 가지고 있는 신비한 힘을 발굴하는 학문'이다. 블라바츠키의 신지학 연구서는 신비한 일에서부터 자연 과학에 이르기까지 폭넓은 장르에 걸치고 있으며 '금세기 최고의 놀라운 작품'이라는 평가를 받았다. 그녀는 신지학 연구와 그 사상을 알리며 근대 신비학에 위대한 발자취를 남겼던 것이다.

▲신지학(神智學)을 일으킨 헬레나 블라바츠키.

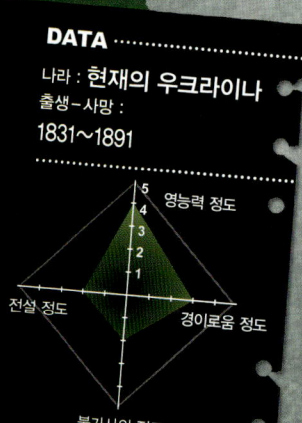

DATA
나라 : 현재의 우크라이나
출생~사망 : 1831~1891

게오르그 이바노비치 구르지예프

영능력자 04 — 신비 세계를 연구한 영능력학자

몇 년이나 전에 죽은 몸으로 살았다!

서아시아의 아르메니아에서 태어난 게오르그 이바노비치 구르지예프는 '20세기 최고의 신비 사상가'라고도 불리는 인물이다.

어렸을 때부터 신비한 현상을 접하는 일이 많았는데, 마침내 이를 탐구하는 여행에 나섰다. 유럽, 아프리카, 아시아의 여러 성지를 찾아다녔고, 또 가는 곳곳의 종교 단체나 비밀 결사에서 관련 지식을 얻었다고 한다.

▲신비주의의 거장 게오르그 이바노비치 구르지예프.

그의 보기 드문 영능력은 병으로 고통받는 사람들도 치료했다. 또 사업 수완도 발휘하여 철도 건설, 음식점 경영 등으로 성공을 거둬 3000억 원의 자산을 가지고 있었다고 한다. 그 자산을 토대로 신비한 것을 연구하는 협회를 설립했다.

그에 따르면 인류는 체내에 자기력 센서를 가지고 있는데 그것을 성장시키면 거대한 에너지를 가진 '위대한 저장고'와 연결할 수 있다고 한다. 또, 그는 제자들을 육성하여 인류를 초월적인 존재로 진화시키려고 했다.

죽는 순간까지도 제자들을 정력적으로 지도했던 구르지예프였지만, 결국 나이를 이기지 못하고 1949년에 사망했다.

그런데! 의사의 검시에 따르면 그의 내부 장기는 부패되어 있었을 정도로 몇 년이나 전에 죽은 몸이라고 했다. 그는 이미 인류를 초월하는 진화를 이뤄 냈던 것일까?

DATA
- 나라 : 현재의 아르메니아
- 출생~사망 : 1866~1949

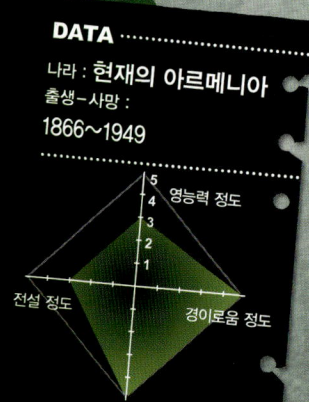

영능력자

05

사티야 사이바바

물질을 공간에서 꺼내는 신의 화신

경이로운 원격 순간 이동 능력의 기적

어포트(Apport: 원격 물체 이동)라는 초능력으로 아무것도 없는 공간에서 음식이나 마실 것, 시계나 금괴 등 사람들이 바라는 것을 자유자재로 꺼내는 기적을 보여 줬던 인도의 성자 사이바바. 그는 신비한 능력으로 '신의 화신(化身)'이라고도 불렸던 영능력자이다.
어포트 능력을 이용해 꺼낸 것 중에 불가사의한 재 가루가 있었는데 그것은 어떤 질병이나 상처도 낫게

DATA
나라 : 인도
출생-사망 :
1926~2011

- 영능력 정도: 5
- 전설 정도
- 경이로운 정도
- 불가사의 정도

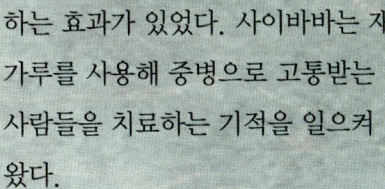

4장 신비한 힘을 가진 영능력자들

하는 효과가 있었다. 사이바바는 재가루를 사용해 중병으로 고통받는 사람들을 치료하는 기적을 일으켜 왔다.

그건 그렇다 치더라도 사이바바는 도대체 어디서 물건을 어포트 하는 것일까? 그것과 관련해서 그는 "사이의 창고에서 꺼내 오고 있다."라고 답했었다. 이것은 인간의 눈에는 보이지 않는 공간이며 온갖 생물, 물질의 영과 같은 것으로 이루어져 있다고 한다. 사이바바는 그 공간에 있는 영과 접촉하여 어프트하고 있는 것으로 생각된다.

동시에 복수의 장소에 출현!

사이바바의 신기한 힘은 어포트 능력뿐만이 아니다. 예를 들면 그는 인도에서 사용되고 있는 800가지 이상의 언어를 모두 이해할 수 있었다고 한다.

또한, 공중 부양은 물론이고 원하는 장소로 순간 이동도 가능했다.

그런 능력 중에서도 특히 충격적인 것은 복수의 장소에 동시에 존재했다는 일화다. 한 신자가 사원 밖에 서 있는 사이바바를 본 후 바로 사원 안으로 들어갔는데 그곳에도 사이바바가 있어서 깜짝 놀랐다. 서둘러 사원 밖으로 달려 나가 봤더니 역시나 그곳에 사이바바가 가만히 서 있었다는 것이다.

사이바바는 다시 환생한다!

여러 가지 기적을 일으켜 왔던 사이바바는 과거 인도에서 그처럼 '신의 화신'이라고 불리며 추앙받았던 성자 쉬르디 사이바바의 환생이라고 한다. 쉬르디 사이바바는 1918년에 세상을 떠났는데, 죽기 전에 "내 사명을 아직 다하지 못했다. 나는 8년 후에 남인도의 어느 집에서 다시 태어날 것이다. 그때 내 이름은 '사티야 사이바바'라고 지을 것이다."라는 예언을 남겼다. 그 예언대로 1926년에 태어난 것이 사티야 사이바바이다. 그리고 사이바바 역시 "나는 2020년에 죽지만, 8년 후에 다시 태어나 프레마 사이바바로서 인류를 구제하는 데 힘쓸 것이다."라고 예언했다.

그런데 그는 2011년에 84세의 나이로 이 세상을 떠났다. 죽음을 예언한 시기보다 9년이나 이른 셈이다.

예언은 빗나간 것일까? 아니다. 놀라운 기적을 일으켰던 인물이니만큼 그럴 리가 없다. 어쩌면 프레마 사이바바로서의 사명을 시작하는 것이 9년 빨라진 것인지도 모른다. 죽음으로부터 8년 후인 2019년 그는 과연 다시 이 세상에 나타날까?

▶ '신의 화신'으로 추앙받던 사티야 사이바바.

> 영능력자 칼럼

몇 번이고 환생한 달라이 라마

초대부터 동일 인물이 계승한다

사이바바(190쪽)와 같이 환생을 계속하는 성자의 사례는 많다. 달라이 라마도 그런 인물 중 한 사람이다.

'달라이 라마'는 인명이 아니라, 관음보살의 화신으로 여겨졌던 티베트 불교 교주의 칭호다. 달라이 라마 1세 겐둔 드럽부터 500년 넘게 걸쳐 대대로 세습되고 있다.

그리고 달라이 라마는 항상 동일 인물이다. 무슨 말이냐 하면 달라이 라마가 사망하고 49일이 지난 후 선대의 혼이 들어간 화신이 이 세상에 아이로 다시 나타난다고 티베트 불교에서는 믿고 있다. 이 인물이 달라이 라마를 계승해 간다.

하지만 어떻게 해서 선대의 뒤를 잇는 동일 인물을 찾아낼까? 여기서는 현재 교주인 달라이 라마 14세의 경우를 예로 살펴보기로 하자.

▶티베트 불교 최고 지도자 달라이 라마 14세.

환생을 찾아내는 방법

달라이 라마 13세가 사망한 것은 1933년의 일이다. 그 직후부터 온 나라가 환생하게 될 아이 찾기를 시작했다. 먼저 고승들이 기도와 명상으로 아이가 태어난 장소의 풍경 이미지나 그 '징표' 등의 단서를 환시하여 얻어 냈다.

고승들이 환시한 장소는 동북부 '탁최'라는 마을이었다. 그리고 마을에서는 분명히 '징표'를 가진 남자아이가 발견되었다.

그리고 그 남자아이는 유력한 증거가 되는 전생의 기억이 남아 있는지 조사를 받았다. 달라이 라마 13세가 사용했던 염주 등의 유품과 그것을 본떠서 만든 가짜 중에 진짜를 골라낼 수 있는지 테스트하는 것이다. 남자아이는 진짜를 모두 알아맞혔다.

이렇게 해서 남자아이는 달라이 라마의 환생이라고 인정받아 달라이 라마 14세가 되었다.

06

에마누엘 스베덴보리

인류에 허용된 모든 지식을 습득한 남자

신으로부터 영능력을 받은 만능 천재

에마누엘 스베덴보리는 불과 열한 살의 나이로 스웨덴의 명문 대학에 입학할 정도로 어렸을 적부터 총명함을 발휘했다. 대학 졸업 후에는 물리학과 천문학, 철학 등을 연구하며 약 150권에 이르는 책을 발표했다. 그중에는 20세기에 발견된 아인슈타인의 상대성 이론과도 통하는 사고방식도 보였다고 한다. 그런데 쉰다섯 살 무렵에 갑자기 스베덴보리는 '인류에 허용된 모든 지식을 제 것으로 만들었다.'고 평가되는 데 이바지한 그의 학문을 버렸다. 영적인 세계가 보이기 시작했기 때문이라고 한다. 게다가 쉰일곱에는 그의 앞에 나타난 신에게 영능력을 얻어 영과 교신할 수 있게 됐다. 그리고 신의 말에 따라 영적인 생각을 설파하는 저술 활동을 시작했다.

▲만능 천재 에마누엘 스베덴보리.

보통은 신뢰받기 어려운 일인데 만능 천재라고 칭송받던 스베덴보리였기에 책 속에 쓰인 영계의 상세한 기술은 "그는 살아 있으면서 영계와 현세를 자유자재로 왕래한다."며 유럽의 지식 계급에게도 뜨거운 지지를 받았다.

하지만 스베덴보리는 84년간의 삶을 뒤로하고 인생의 막을 내렸다. 그가 사망한 날은 생전의 그가 예언했던 죽음의 날과 같은 날이라고 한다.

DATA
나라 : 스웨덴
출생~사망 : 1688~1772

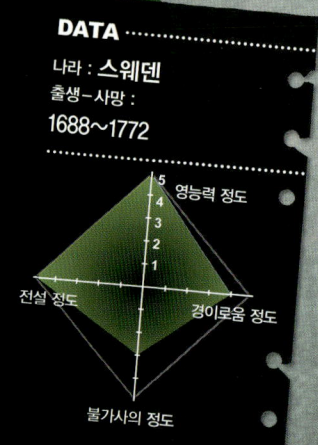

4장 신비한 힘을 가진 영능력자들

영능력자 07

프레드릭 윌리엄 헨리 마이어스

사후에도 메시지를 계속 보냈던 심령 연구자

▲ 심령 연구자 프레드릭 윌리엄 헨리 마이어스.

DATA
- 나라 : 영국
- 출생～사망 : 1843～1901
- 영능력 정도
- 전설 정도
- 경이로움 정도
- 불가사의 정도

정신은 사후에도 존재한다!

영국의 일류 과학자를 중심으로 심령 현상에 관한 연구와 검증을 목적으로 한 연구 기관인 '영국 심령연구협회'가 1882년에 설립되었다. 프레드릭 마이어스도 창설 멤버 중 한 사람이다.

그는 1870년대에 지인이 실시했던 영을 불러내어 교류하는 강령 실험에 감명을 받았다. 그리고 육체가 죽은 후에도 정신이 존속한다고 생각하게 되어 그것을 증명하기 위해 심령 연구를 시작했다.

그가 저술한 연구 논문은 후대의 심령 연구자뿐 아니라 심리학의 거장 칼 융 등에게도 다대한 영향을 미쳤다. 또한, 현재의 초능력 세계에서도 사용되고 있는 '텔레파시' 등의 용어를 고안해 낸 것으로도 알려져 있다.

마침내 마이어스는 연구의 집대성으로서 자신이 죽은 후 동료들에게 영계에서 메시지를 보내겠다고 선언했다.

영국 심령연구협회 회장에 취임한 이듬해 마이어스는 사망했다. 그 후 놀라운 일이 벌어졌다. 마이어스는 사망한 지 얼마 안 되어 영매(영과 교신할 때 영이 깃드는 인간)를 통해 자신이 생전에 선언한 대로 메시지를 보내왔던 것이다! 그것은 놀랍게도 사후 30년 이상에 걸쳐 계속되었다.

영능력자 08

모리스 바바넬

영의 메시지를 전달한 영매

미국 원주민의 영이 깃들다

모리스 바바넬은 세계적으로도 잘 알려진 영매 중 한 사람이다. 그런데 그가 영매가 된 계기는 실로 갑작스러웠다. 그전까지 그는 매우 평범한 청년이었다. 1920년 영국에서 강령회가 열렸을 때의 일이다. 바바넬은 재미 삼아 강령회에 참가했는데 너무 따분하고 지루한 나머지 그 자리에서 꾸벅꾸벅 졸고

▲실버 버치라는 영의 말을 전했던 모리스 바바넬.

말았다. 눈을 뜬 그는 바로 사죄했다. 하지만 참가자들은 화를 내기는커녕 놀라운 표정을 짓고 있었다. 이유는 그가 자고 있는 사이에 스스로를 '실버 버치'라고 일컫는 영이 그의 몸에 들어가 예언을 전했기 때문이다!

실버 버치는 3000년도 더 전에 미국에 살았던 원주민이라고 한다. 왜 실버 버치가 바바넬의 몸에 들어갔는지는 알려지지 않았지만, 그는 바바넬을 통해 인류가 현재 위기에 처했다며 물질에 의존하는 생활에서 벗어나 자연을 따르지 않으면 파멸로 치닫게 된다는 메시지를 전했다.

바바넬은 죽기 전까지 50년 이상에 걸쳐 실버 버치의 영을 불러내는 강령회를 정기적으로 열어 이러한 예언들을 사람들에게 계속 전달했다.

DATA
나라 : 영국
출생-사망 : 1902~1980?

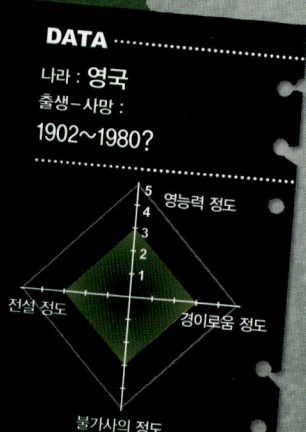

영능력자

09 에바 카리에르
엑토플라즘을 일으킨 영매

엑토플라즘을 일으키는 소녀

엑토플라즘은 영매의 입이나 코에서 기체 상태나 액체 상태, 젤리 상태의 무언가가 출현해 마침내 그것이 사람의 얼굴 형태나 손발 형태가 된다고 하는 수수께끼의 물질화 현상이다. 노벨상을 수상한 생리학자 샤를 리셰가 이렇게 이름을 붙였다. 리셰가 이 현상을 접한 것은 1905년에 열린 어느 강령회에서였다.

당시 영을 불러내는 영매 역할을 맡은 사람은 에바

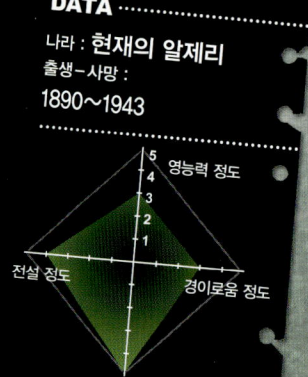

DATA
- 나라 : 현재의 알제리
- 출생〜사망 : 1890〜1943

4장 신비한 힘을 가진 영능력자들

카리에르라는 열다섯 살의 소녀였다. 그녀는 어렸을 적부터 신기한 능력을 가지고 있어서 강령회에 참석하게 되었다.

강령회가 시작되자 카리에르의 입에서 반투명의 덩어리가 나타나더니 순식간에 인간의 형체를 하고 몇 걸음 걷는가 싶던 찰나 바닥으로 가라앉아 사라지고 말았다! 리셰에 의해 엑토플라즘은 세상에 널리 알려지게 되었다. 그리고 카리에르는 심령 연구에 열중했던 한 여성의 수양딸이 되어 심령 연구가 슈렌크 노칭 남작을 도와 실험 대상자로서 1909년부터 4년간 여러 가지 엑토플라즘 실험을 했다.

체중이 반으로 주는 수수께끼

노칭 남작의 실험은 엑토플라즘이 거짓이 아님을 증명하기 위해 엄격한 조건에서 이루어졌다. 실험실 문을 꽉 닫고 카리에르의 몸 구석구석을 샅샅이 검사했다. 일련의 실험에서는 엑토플라즘이 인간의 형체로 물질화하기까지의 모습을 상세히 관찰하면서 수백 장에 이르는 사진도 찍었다.

카리에르는 그 후에도 유명한 과학자들의 엑토플라즘 실험에 협조했다. 캐나다의 과학자 W. J. 크로퍼드의 실험에서는 매우 흥미로운 사실이 밝혀졌다. 크로퍼드는 실험 후 카리에르의 외형이 축소된다는 사실을 알아차린 것이다.

그래서 그녀를 체중계에 올려놓고 실험을 했다. 그랬더니 엑토플라즘이 나올 때 체중이 절반 가까이 준다는 사실을 알았다. 게다가 실험에 입회했던 모든

◀ 강력한 여성 영매 에바 카리에르와 그녀가 출현시켰던 엑토플라즘.

사람의 체중마저 감소했다!

연구를 계속한 결과 엑토플라즘의 무게는 카리에르가 줄어든 만큼의 중량과 일치했다. 또 엑토플라즘이 그녀의 체중을 넘는 경우가 있었는데, 그때는 다른 참석자의 체중이 준다는 것을 알았다. 엑토플라즘이 사라지면 체중은 원래 상태로 되돌아왔다.

엑토플라즘은 영적인 현상일까?

하지만 나름의 연구 실적도 있는 저명한 연구자가 엄밀한 조건에서 실험을 반복했음에도 불구하고 카리에르의 엑토플라즘 능력을 의심하는 사람이 많다. 영국 심령연구협회는 카리에르를 믿지 않고 그녀에 의한 엑토플라즘 실험을 치밀하게 조사했을 정도였다.
그건 그렇다 치고 카리에르의 엑토플라즘은 도대체 무엇이었을까?

4장 신비한 힘을 가진 영능력자들

엑토플라즘은 영매의 육체를 재료로 삼고 있다고 한다.(크로퍼드가 관측한 체중 감소의 사례도 그것을 뒷받침한다고 한다.)
그리고 그 정체에 대해서는 두 가지 설이 있다. 하나는 그녀의 마음속 이미지를 바탕으로 엑토플라즘이 상을 형성한다고 하는 설. 또 하나는 망자의 영이 그녀에게 작용을 가해 물질화된다고 하는 설이다.
하지만 카리에르가 사망한 후 그녀와 같이 강력한 영매가 출현하지 않았기 때문에 엑토플라즘의 진위를 둘러싼 논쟁은 끝이 났다. 정체에 대한 진상은 밝혀지지 않은 채로 남아 있다.

영능력자

10 가메이 사부로

정체불명의 수수께끼투성이 영능력자

망자의 목소리를 듣고 영을 물질화시킨다!

일본에도 '엑토플라즘'을 출현시키는 능력을 가진 영매가 있었다. 쇼와 초기에 갑자기 등장한 가메이 사부로라는 인물이다.

그는 1929년 서구의 영매를 통해 진행된 실험을 소개한 책을 쓴 심령 연구가 아사노 와사부로를 찾아가 "그 책에 쓰인 실험 정도라면 나도 할 수 있다."고 말한다. 이 갑작스러운 만남을 시작으로 아사노는 가메이를 실험 대상자로 삼아 다양한 영매 실험을 했는데 가메이의 능력은 무시무시할 정도로 대단했다. 예를 들면 1929년에 오사카 마이니치 신문사의 강당에서 이루어졌던 실험은 유명하다. 많은 사람들이 참석하여 지켜보는 가운데 의자에 묶인 가메이가 트랜스 상태에 빠지더니 테이블에 놓인 악기가 울리기 시작하고 테이블이 공중에 떠올랐던 것이다. 가메이는 옴짝달싹할 수 없는 상태였으므로 아무런 속임수도 쓰지 않았다는 것은 의심할 여지가 없었다. 그 후에도 실험을 반복하는 사이 가메이는 망자의 목소리를 들을 수 있게 되었다. 게다가 코와 입을 통해 엑토플라즘을 출현시켰다. 엑토플라즘에 죽은 사람의 얼굴을 떠올리기까지 했다.

아사노는 가메이와 100회 이상의 실험을 했는데 "인간계에 일어난 기적의 7, 80%는 가메이 혼자서도 할 수 있다."며 격찬했다. 이렇게 지명도를 올려 가던 가메이였는데, 그가 어떤 사람인지 온통 모르는 것투성이였다. 무엇보다 그가 언제 태어났으며 어디 출신으로 아사노를 만나기 전에는 무엇을 했는지조차 확실하지 않았다. 그리고 1952년의 실험을 마지막으로 가메이의 소식은 알 수 없게 되었다.

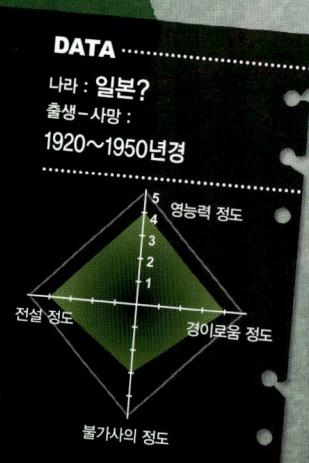

DATA
나라 : 일본?
출생~사망 :
1920~1950년경

206

로즈메리 브라운

대작곡가들의 사후 작품을 전했던 영능력자

작곡가의 영이 몸속으로 들어와 작곡하다

어린 시절에 피아노를 조금 배웠을 뿐, 이후 악기를 접한 적조차 없었던 48세의 여성이 어느 날 갑자기 피아노를 치기 시작했다. 그것도 과거의 위대한 작곡가들의 '신곡'을! 여성의 이름은 로즈메리 브라운. 그녀는 자신의 꿈에 1886년에 사망한 작곡가 프란츠 리스트의 영이 나타나 미발표곡을 발표해

▲작곡가들의 영이 들어와 작곡을 계속했던 로즈메리 브라운.

달라고 부탁했다고 한다. 그리고 리스트는 브라운의 몸속으로 들어와 작곡을 시작했다.

그러다 시간이 흘러 바흐, 베토벤 등 유명한 작곡가들의 영도 역시 브라운의 몸을 빌려 작곡을 했다. 피아노를 치기 힘든 경우는 영들이 그녀의 손발을 사용해 악보를 썼다.

이렇게 해서 브라운이 잇달아 곡을 발표하자 그 진위를 묻는 큰 반향이 일어났다. 한 음악 평론가는 작곡가들의 신곡이라기엔 오리지널 수준에 못 미친다고 평하기도 했다. 또한, 어느 작곡가는 각각의 곡은 거장들의 음악과 유사성이 보인다고 인정했다.

하지만 왜 브라운이 작곡가들의 영매가 되었는지 그 이유는 알 수 없다.

참고로 그녀가 발표한 수많은 곡은 현재도 CD 등으로 들을 수가 있다.

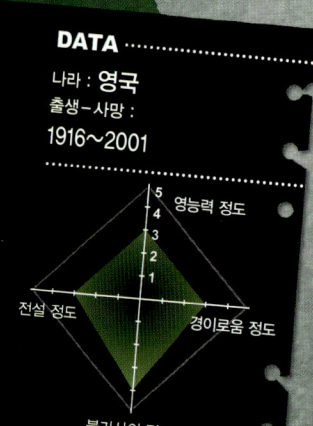

DATA
나라 : 영국
출생-사망 :
1916~2001

4장 신비한 힘을 가진 영능력자들

영능력자 칼럼

영계 통신기를 발명한 에디슨

마지막 발명품은 사후 세계와의 통신기

만일 사망한 사람과 살아 있을 때처럼 다시 대화를 할 수 있다면……. 그러한 것을 가능하게 하는 기계 이른바 영계 통신기를 만들려고 했던 발명가가 있다. 바로 유명한 발명왕 토마스 에디슨이다.

에디슨은 백열전구를 개량하고 축음기 등을 발명했던 천재다. 그런 그가 말년에 개발을 시도했던 것이 영적 세계와 통신하기 위한 기계였다. '왜 에디슨이?'라고 생각할지도 모르겠다. 하지만 사실 에디슨은 젊어서부터 신비적인 연구에도 흥미를 가지고 있어서 인간의 영혼은 전기 에너지로 이뤄진 것이 아닐까 하는 생각을 했었다. 그래서 인간은 죽으면 혼으로만 이루어진 전기 생명체와 같은 것이 된다는 발상을 했던 것이다. 하지만 에디슨은 영계 통신기를 완성하지 못하고 타계했다. 또한, 신기하게도 영계 통신기에 관한 대량의 연구 노트도 행방불명이 되고 말았다고 한다.

▲망자와의 통신기 개발을 시도했다는 발명왕 토마스 에디슨.

영계 텔레비전이 완성되었다?

그 후 에디슨이 발명하려던 영계 통신기의 이론이 옳았다고 생각되는 사건이 1959년에 발생했다. 스웨덴의 영상 작가 프리드리히 유르겐손이 돌아가신 자신의 어머니의 목소리를 우연히 녹음했던 것이다. 이것을 계기로 세계 각지에서 망자의 목소리를 녹음했다는 보고가 있었다. 그리고 라디오를 이용하면 한층 더 망자의 목소리를 수신하는 데 성공하기 쉽다는 보고도 다수 있었다. 게다가 1986년에는 독일의 클라우스 슈라이버가 영계 텔레비전의 발명에 성공했다는 얘기가 등장했다. 텔레비전 화면에 영의 모습이 찍히고 게다가 대화도 가능하다는 것이다. 그 후에도 많은 연구자에 의해 다양한 영계 텔레비전이 보고되었다. 망자뿐만이 아니라 다른 세계나 이(異)인류를 연상시키는 모습이 비치었다고도 한다. 만일 이러한 보고가 진실이라면 영은 전기 에너지라는 것뿐만 아니라, 우리의 상상을 훨씬 초월하는 존재일지도 모르는 일이다.

참고 문헌

월간 《MU》 각호(학연 플러스) / 〈학연 미스터리 백과〉 각권(학연 플러스) /
역사잡학 탐구클럽 편 《세계와 일본의 괴인물 FILE》(학연 플러스) /
나미키 신이초로 《MU 인정 세계의 초인, 괴인, 기인》(학연 플러스) /
오컬트잡학 탐구 클럽 편 《결정판 초능력 대전》(학연 플러스) /
역사잡학 클럽 편 《세계의 마법, 마술 사전》(학연 플러스) /
이즈미 야스나리(泉保也) 《증보판 세계 불가사의 대전》 I 권(학연 플러스) /
이즈미 야스나리 《증보판 세계 불가사의 대전》 II 권(학연 플러스) /
비주얼판 수수께끼 시리즈 《마법 마술의 수수께끼와 미스터리》(학연 플러스) /
나미키 신이치로 감수 《정말 있었다?! 세계의 초미스터리》 각권 (POPLAR사) /
나미키 신이치로 《인류에 대한 경고!! 마지막 심판은 2012년부터 시작된다》(다케쇼보(竹書房)) /
나미키 신이치로 감수 《충격의 미래 예언 2013년 지구를 뒤흔드는 7대 위기》(다케쇼보)

사진 제공

ⓒAFLO …… 36, 37, 38, 43, 44, 50, 52, 68, 72, 86(오른쪽), 89, 99, 101, 102, 110, 113, 115,
116, 118, 121, 125, 129, 130, 131
ⓒBridgeman Images / AFLO …… 19, 20, 67
ⓒShutterstock / AFLO …… 23, 71, 136
ⓒAP / AFLO …… 24, 194
ⓒTopFoto / AFLO …… 27, 84, 86(왼쪽), 100, 138, 144, 146, 178, 204, 208
ⓒGRANGER.COM / AFLO …… 29, 39, 54, 59, 61, 77, 79(왼쪽), 103, 135, 197, 210
ⓒ근현대PL / AFLO …… 32
ⓒScience Photo Library / AFLO …… 56
ⓒUllstein bild / AFLO …… 51
ⓒUniversal Images Group / AFLO …… 74, 105, 187
ⓒEverett Collection / AFLO …… 79(오른쪽), 96, 188
ⓒAlamy / AFLO …… 83
ⓒRoger-Viollet / AFLO …… 87, 183
ⓒFortean / AFLO …… 93, 94
ⓒZUMAPRESS / AFLO …… 117
ⓒMary Evans Picture Library / AFLO …… 140, 151, 154, 199, 200
ⓒ로이터 / AFLO …… 159, 181
ⓒScience&Society Picture Library / AFLO …… 108
ⓒNASA / Science&Society Picture Library / AFLO …… 176
ⓒDinodia Pictures / AFLO …… 192

비주얼 미스터리 백과 ❼
초능력자 대백과

편저자 고자키 유우
역자 고정아
찍은날 2018년 8월 20일 초판 1쇄
펴낸날 2018년 8월 27일 초판 1쇄
펴낸이 홍재철
편집 이혜원
디자인 박성영
마케팅 김성수·안소영
펴낸곳 루덴스미디어(주)
주소 경기도 고양시 일산동구 무궁화로 43-55, 604호(성우사카르타워)
전화 031)912-4292 | **팩스** 031)912-4294
등록 번호 제 396-3210000251002008000001호
등록 일자 2008년 1월 2일

ISBN 979-11-88406-43-2 74900
ISBN 978-89-94110-86-8(세트)

결함이 있는 책은 구입하신 곳에서 바꾸어 드립니다.
값은 뒤표지에 있습니다.

이 도서의 국립중앙도서관 출판시도서목록(CIP)은 e-CIP홈페이지
(http://www.nl.go.kr/ecip)에서 이용하실 수 있습니다. (CIP제어번호 : CIP2018026001)

Gakken Mystery Hyakka 7kan Chonouryokusha Daihyakka
© Gakken
First published in Japan 2018 by Gakken Plus Co., Ltd., Tokyo
Korean translation rights arranged with Gakken Plus Co., Ltd.

5분 후

압도적인 '초'단편 반전 소설!

단 **5분**으로 뜻밖의 **반전**을 맛볼 수 있다!

반전과 함께 밀려오는
공포, 감동, 웃음, 그리고 눈물…

▼ 「5분 후 의외의 결말」 시리즈

『5분 후 의외의 결말 ①붉은 악몽』
『5분 후 의외의 결말 ②푸른 미스터리』
『5분 후 의외의 결말 ③백색 공포』(근간)
『5분 후 의외의 결말 ④검은 유머』(근간)
『5분 후 의외의 결말 ⑤노란 희비극』(근간)

코믹컴 전화 | 031)912-4292 팩스 | 031)912-4294 루덴스미디어(주)

의외의 결말
시리즈

일본 시리즈 합계 180만 부 판매 돌파!

학교 도서실에 반납하면 곧바로 누군가 빌려 가는 마성의 책!

2018년 일본 아침 독서 인기 도서
초등 13위
중등 1위!

● 책이라면 딱 질색인 나도 읽을 수 있었던 책.
왜? 5분이면 읽을 수 있으니까!

● 만화밖에 안 읽던 우리 아들이 태어나서 처음으로 책을 추천했습니다.
"엄마! 엄마도 한번 읽어 봐!"
〈일본 독자 서평〉 중에서

서바이벌 만화 자연상식

국내 판매 천만 부 돌파!
'살아남기' 시리즈!

해저세계에서 살아남기 ❷ (근간)

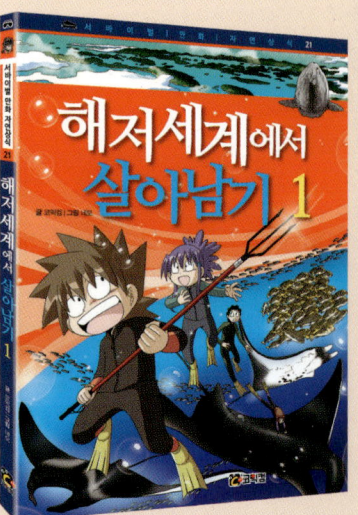

글 코믹컴 | 그림 네모 | 올컬러

서바이벌 만화 생태상식

(전 10권)

돌연변이의 공격은 아직 끝나지 않았다!
목숨을 건 쫓고 쫓기는 추격전이 펼쳐진다!

글 코믹컴 | 그림 네모 | 올컬러 | 각 권 값 9,500원

정글에서 살아남기 전 10권 세트

코믹컴 전화 031)912-4292 팩스 031)912-4294 루덴스미디어(주)